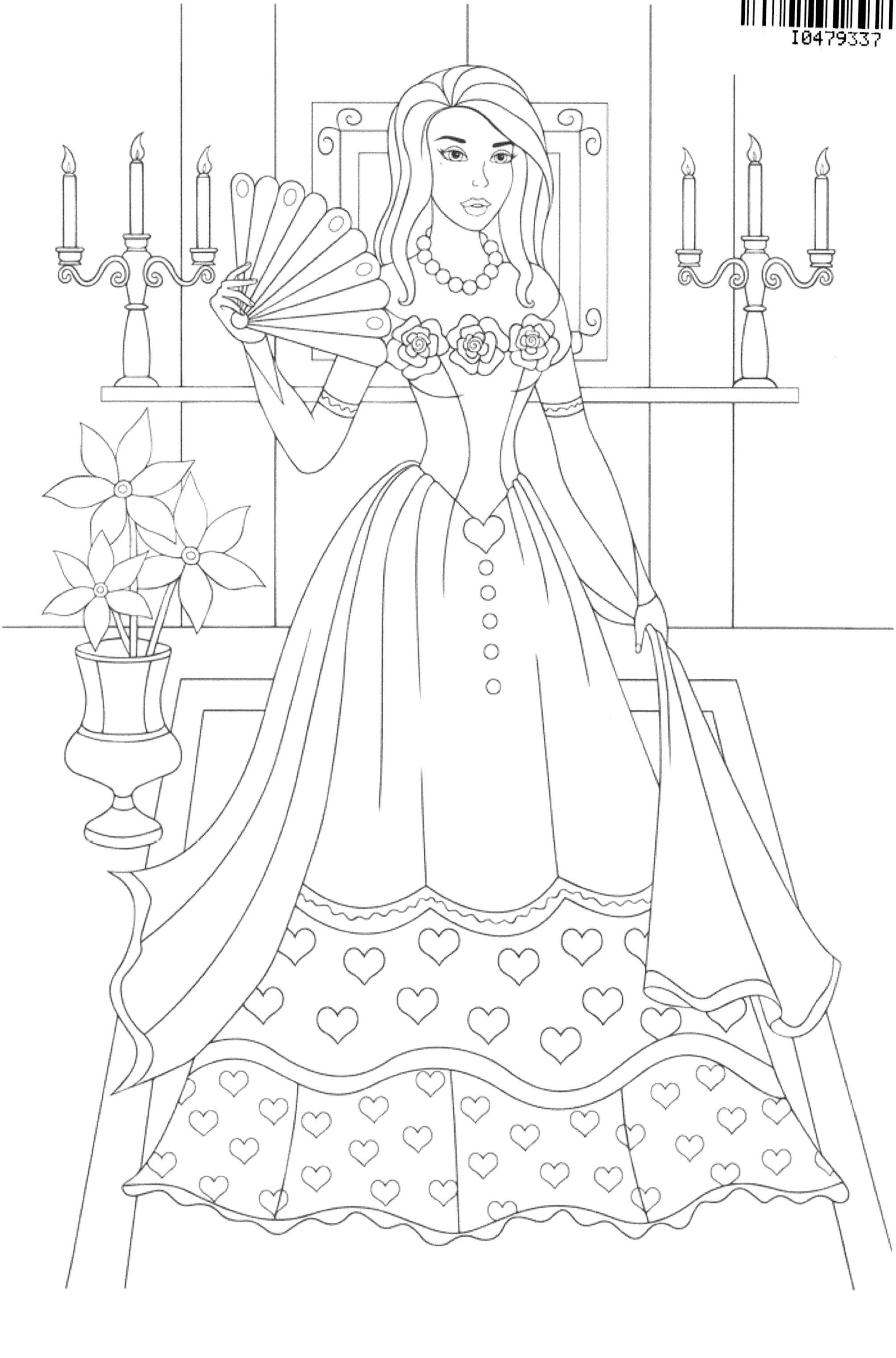

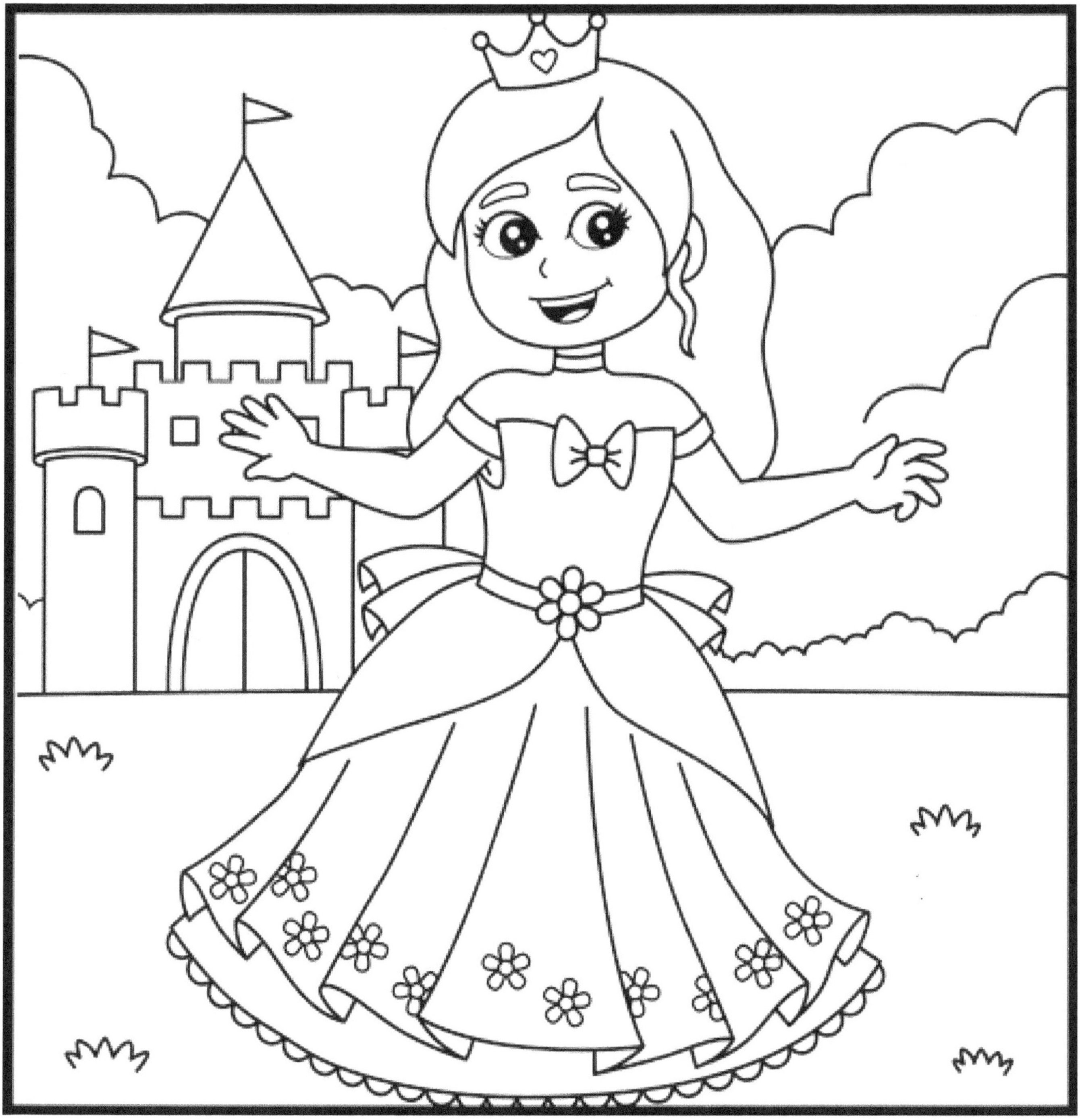

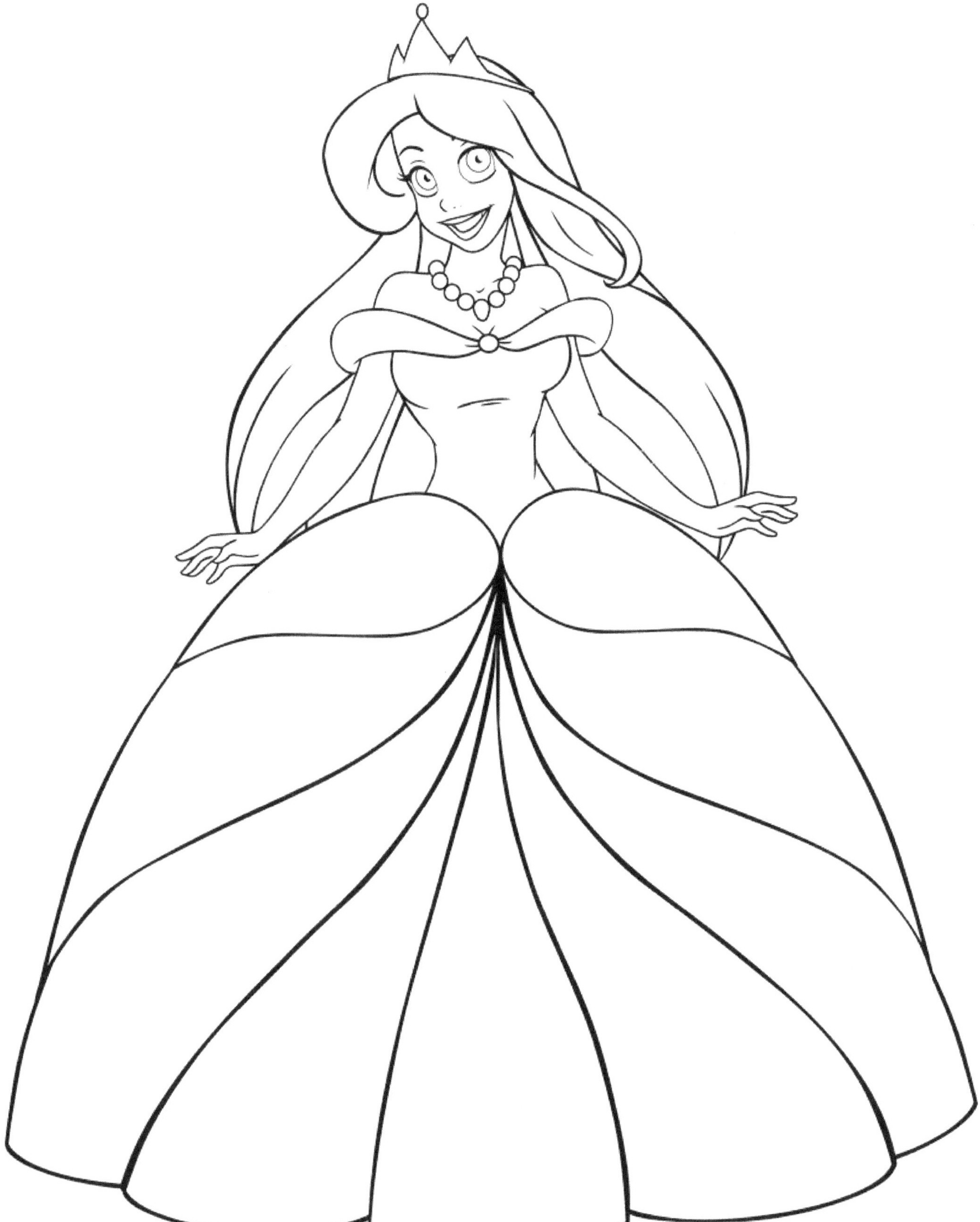

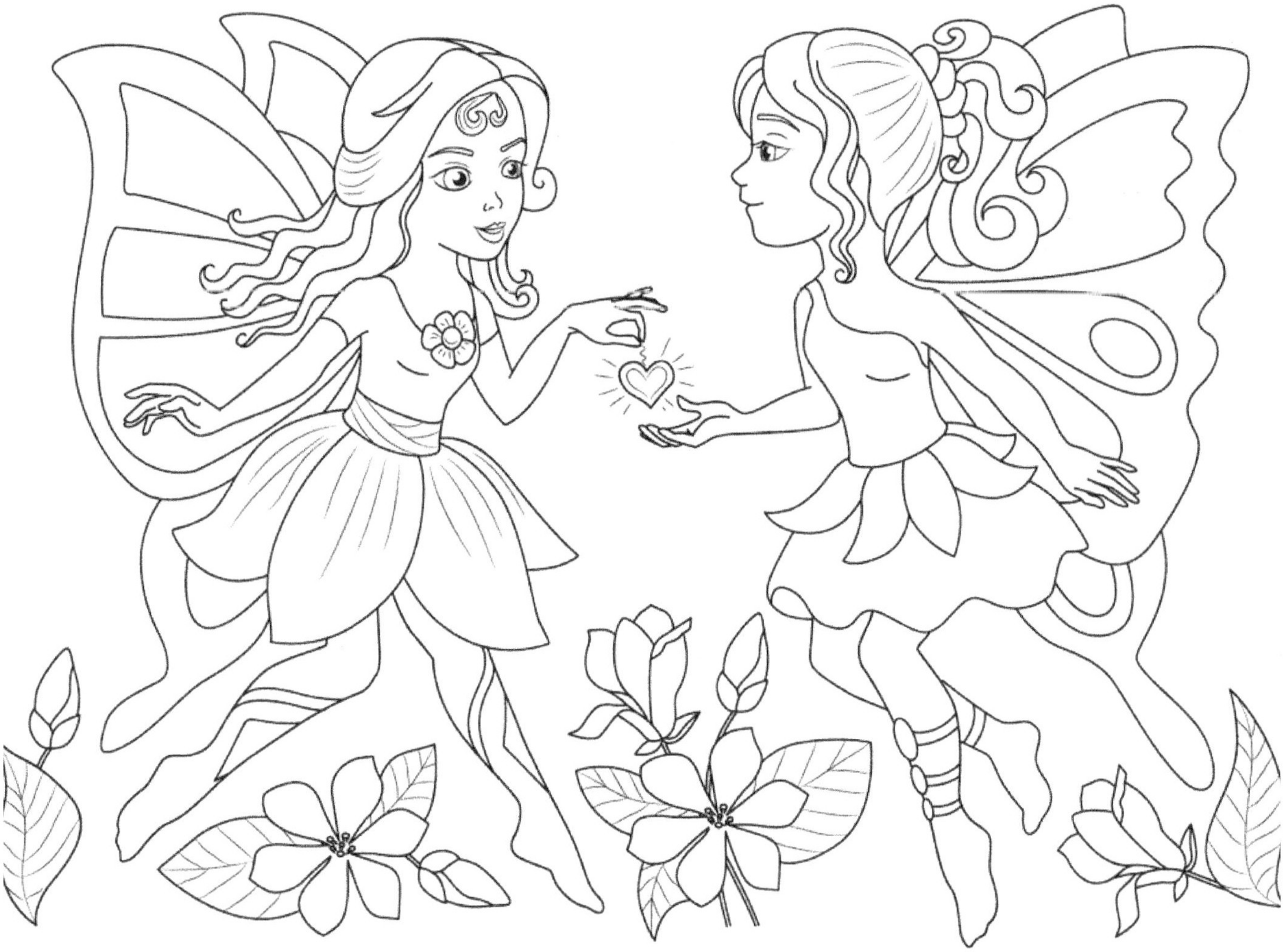

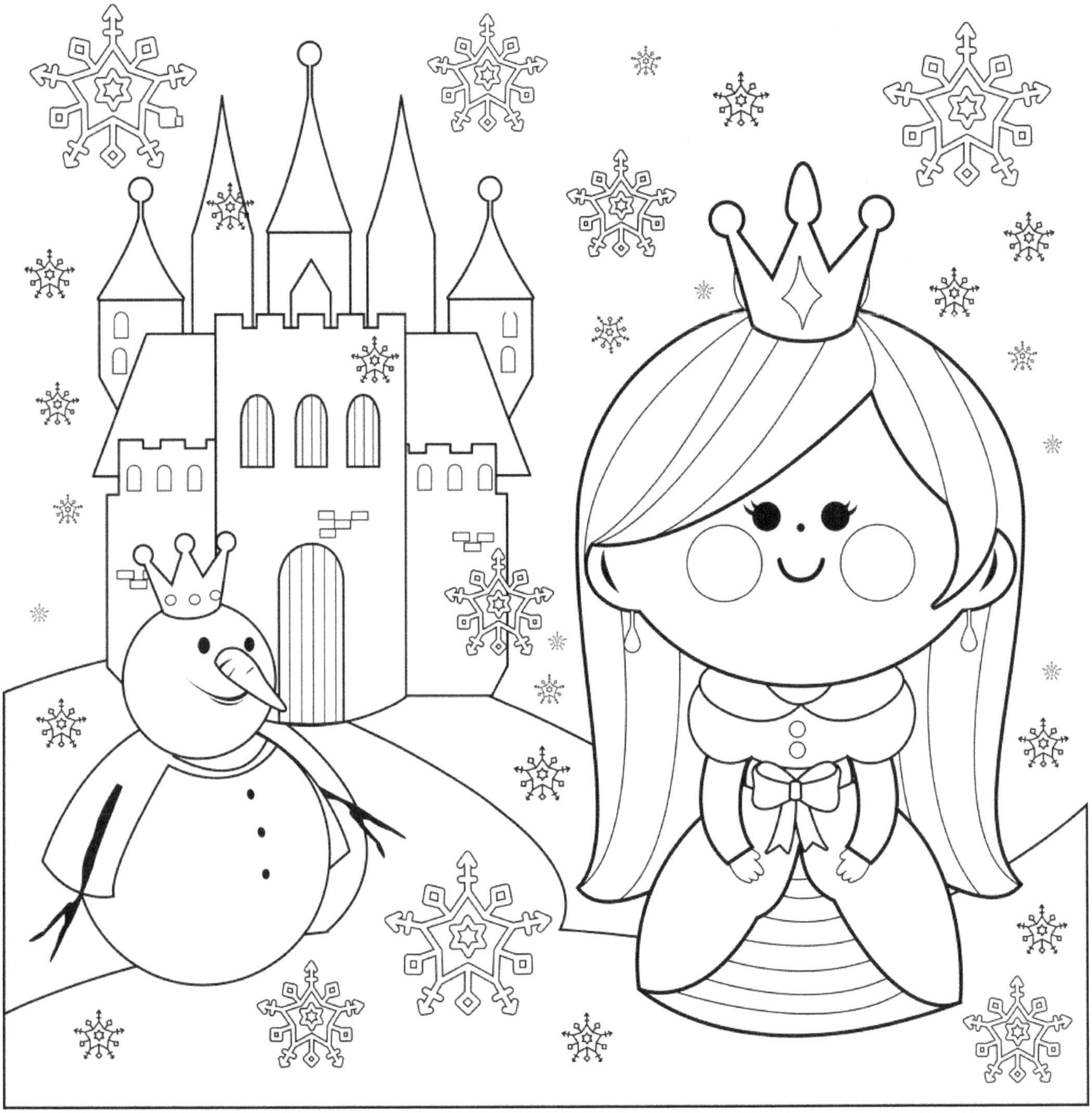

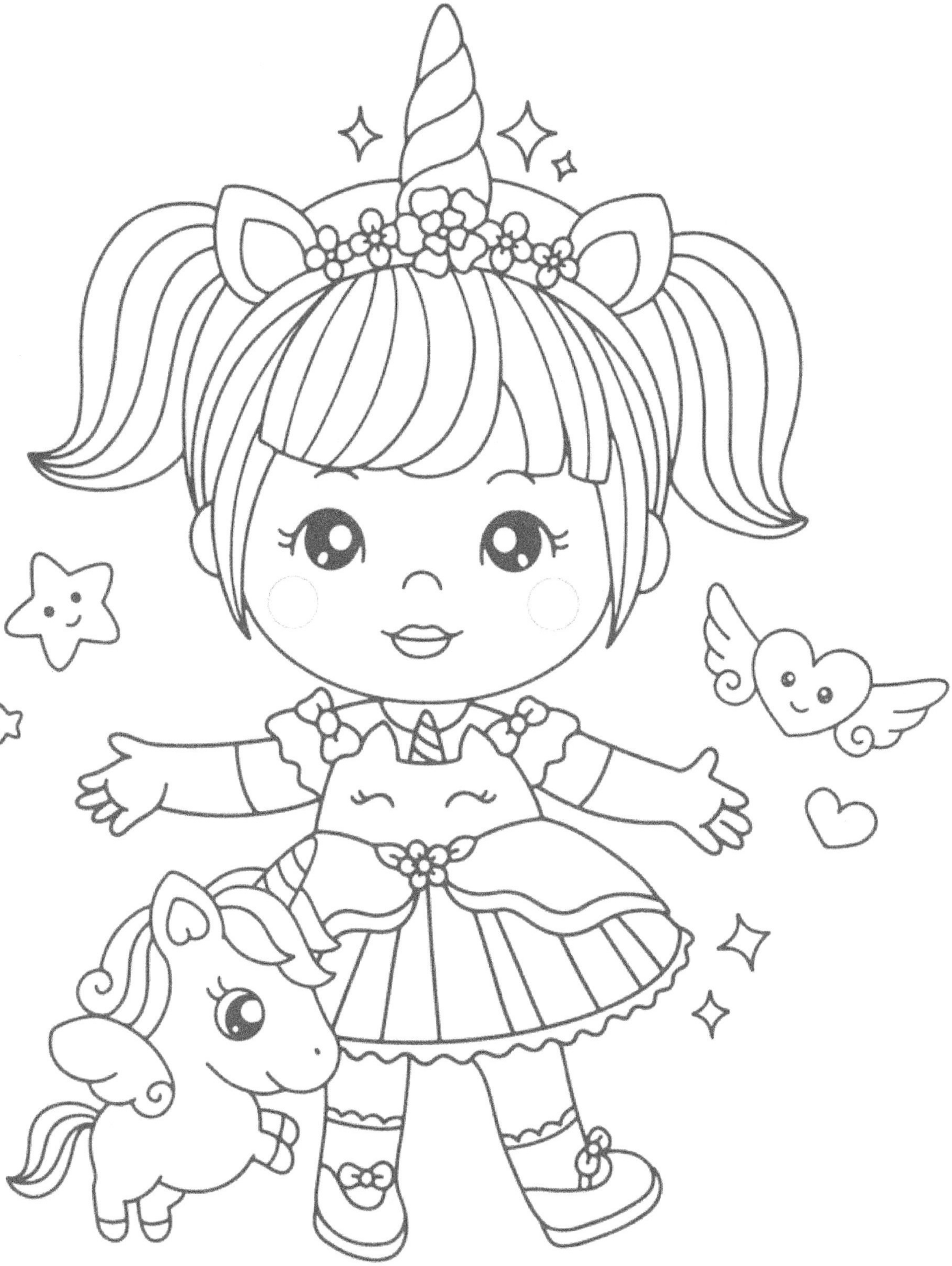

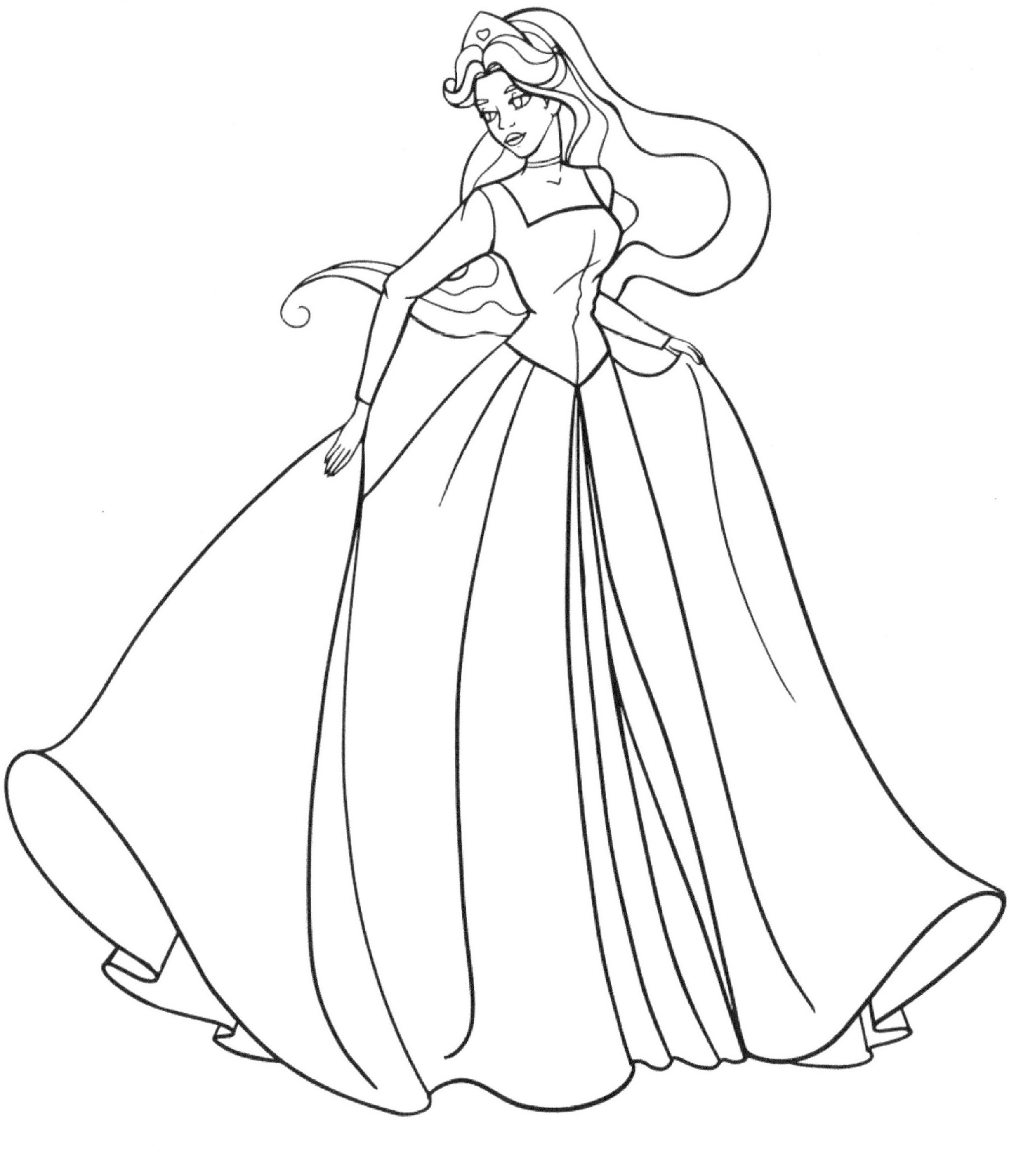

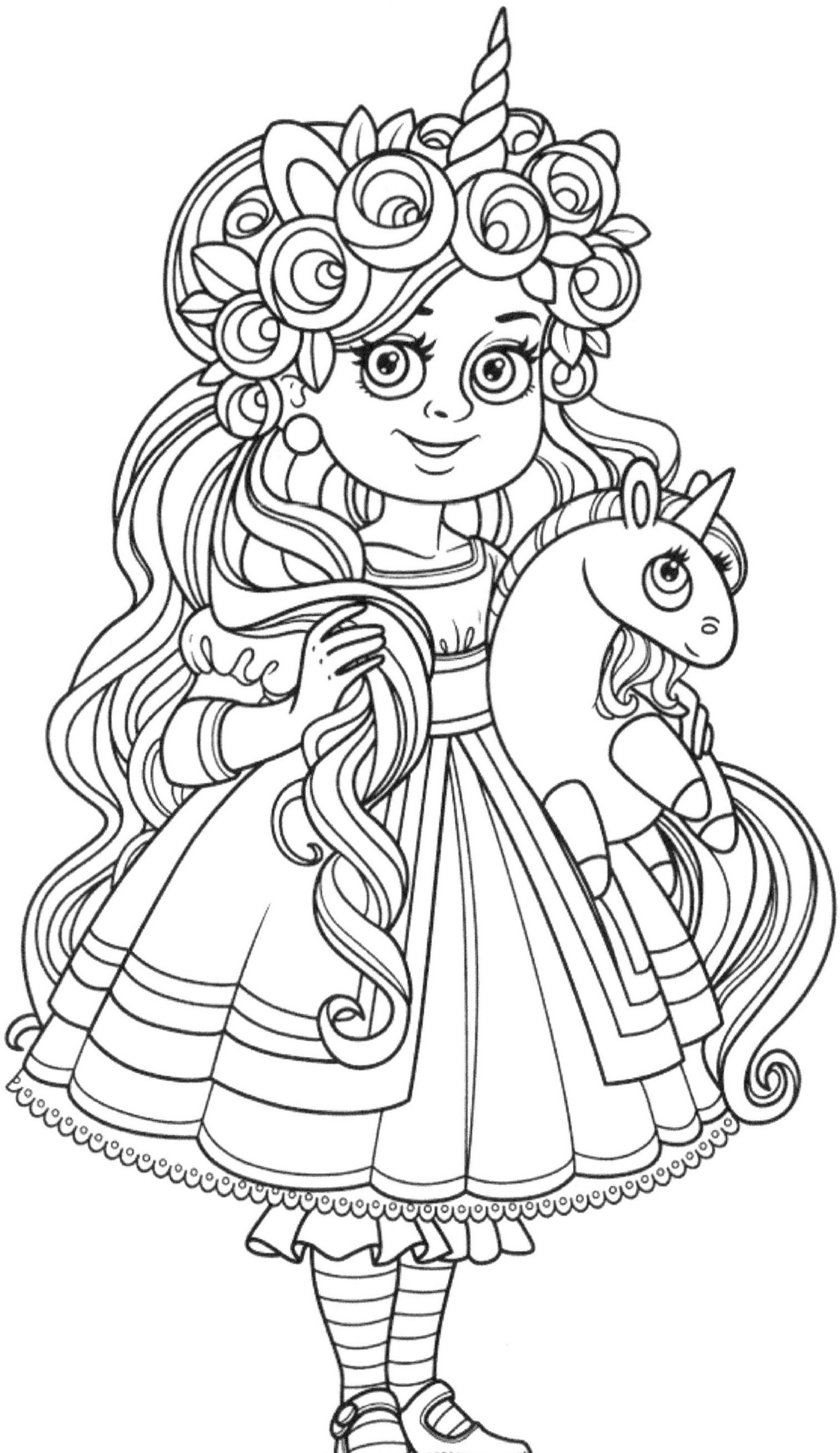

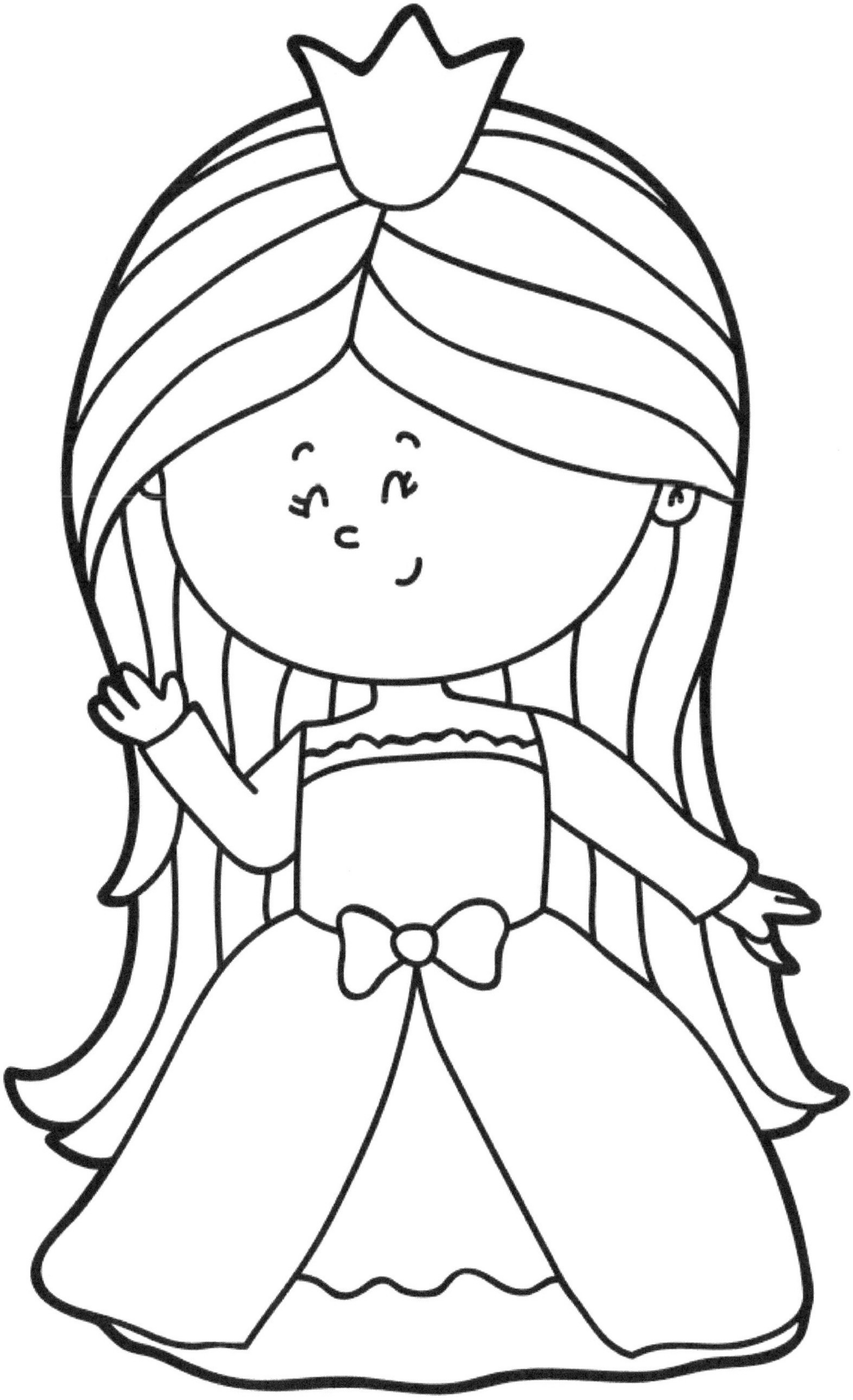

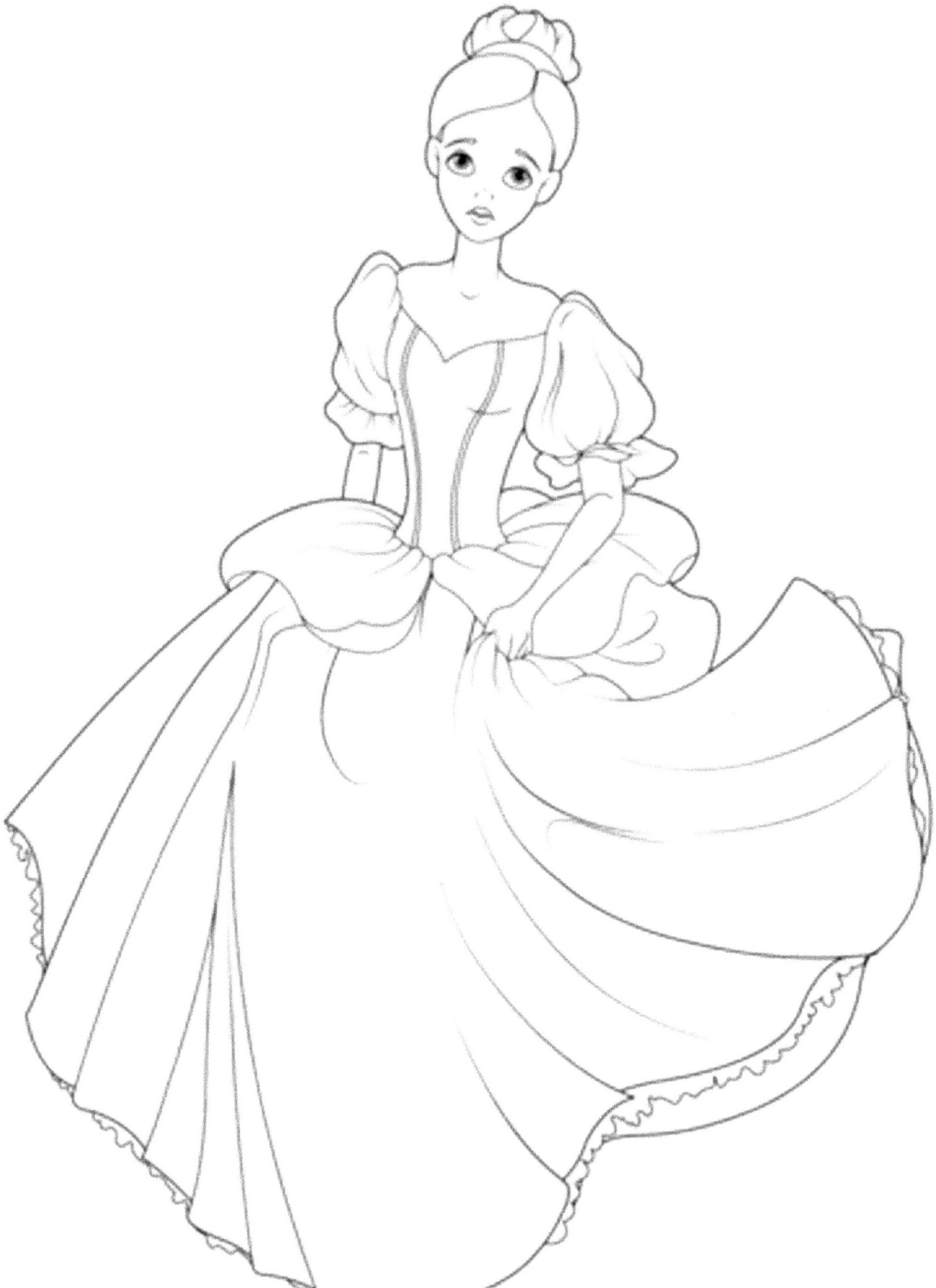

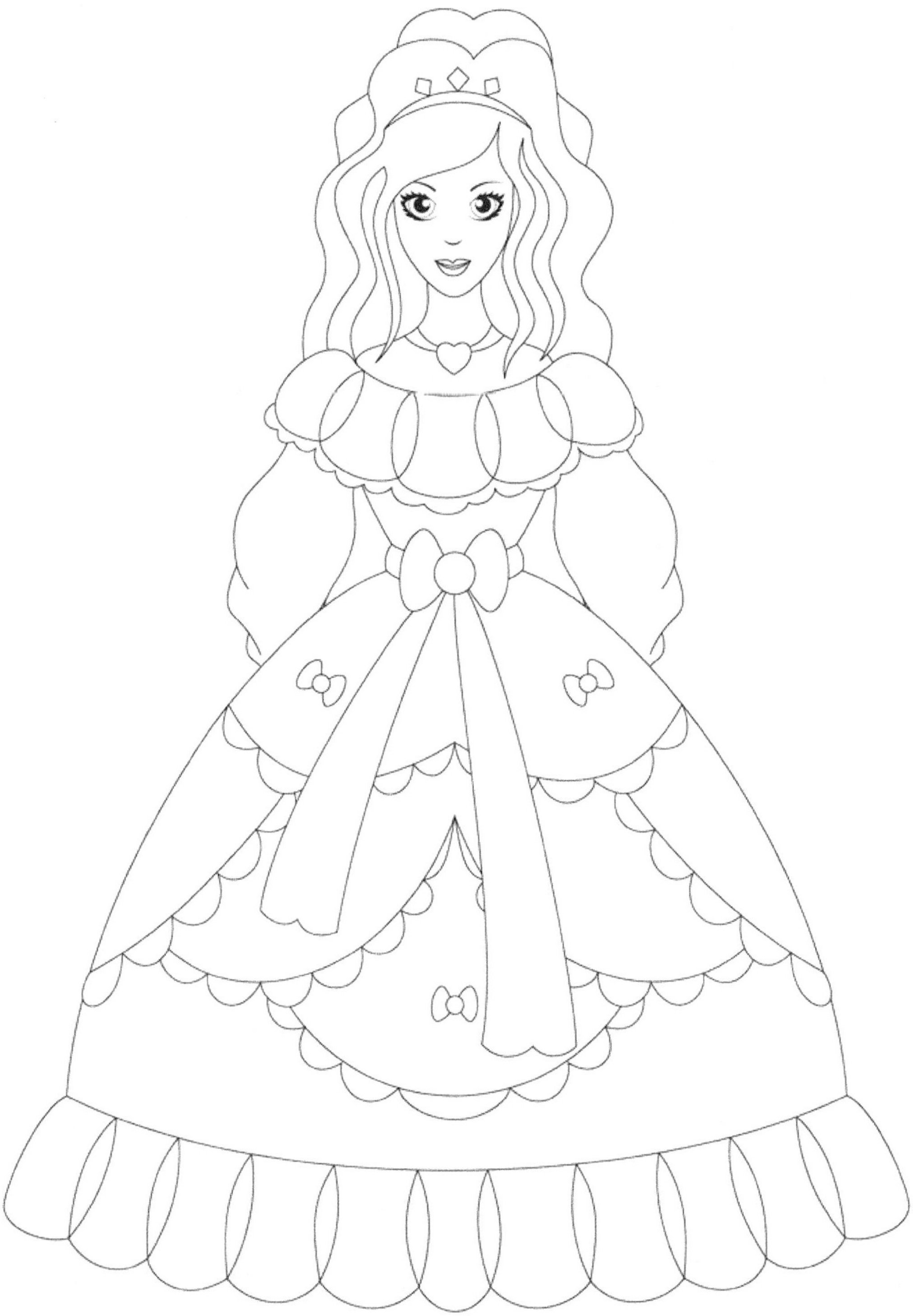

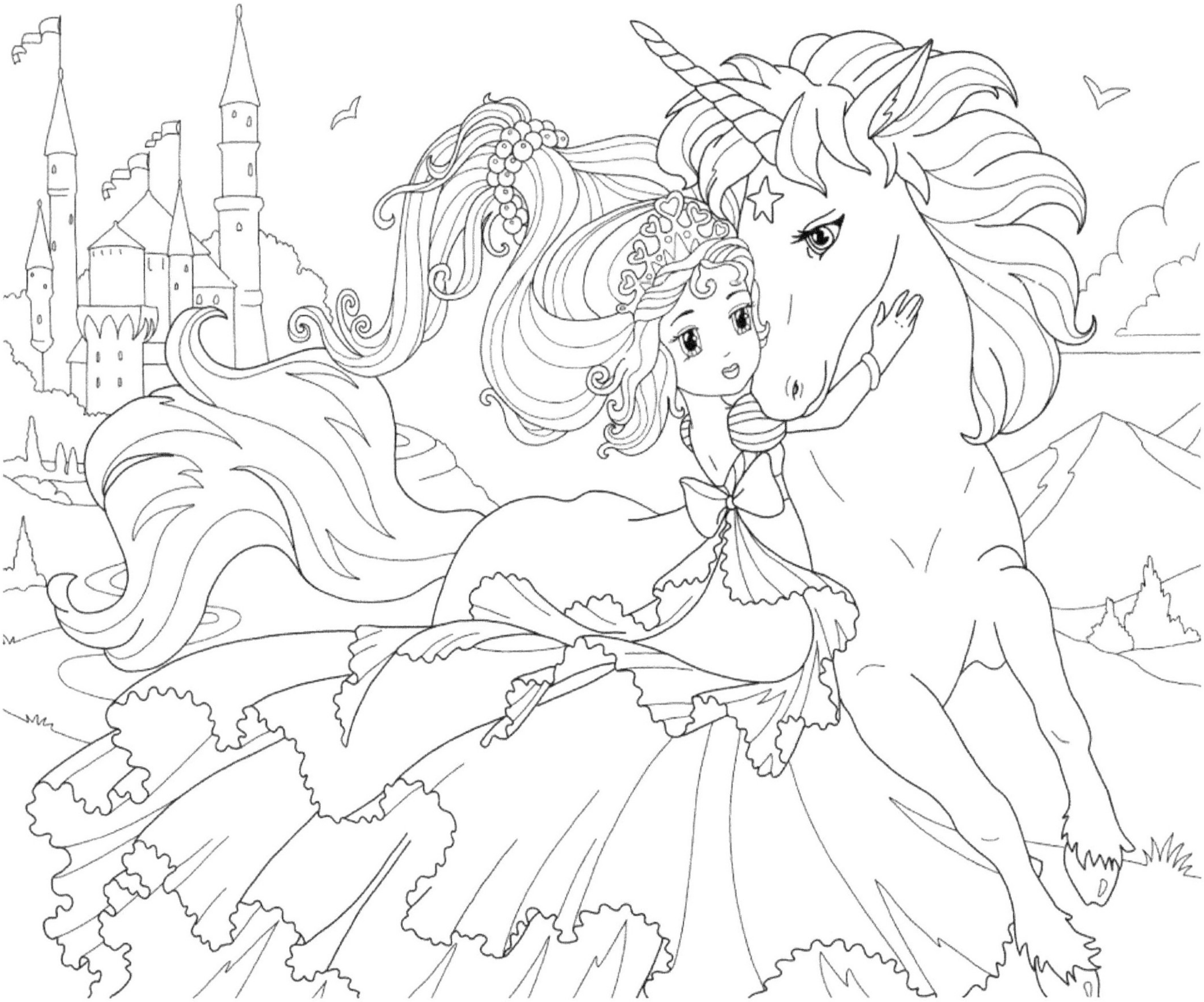

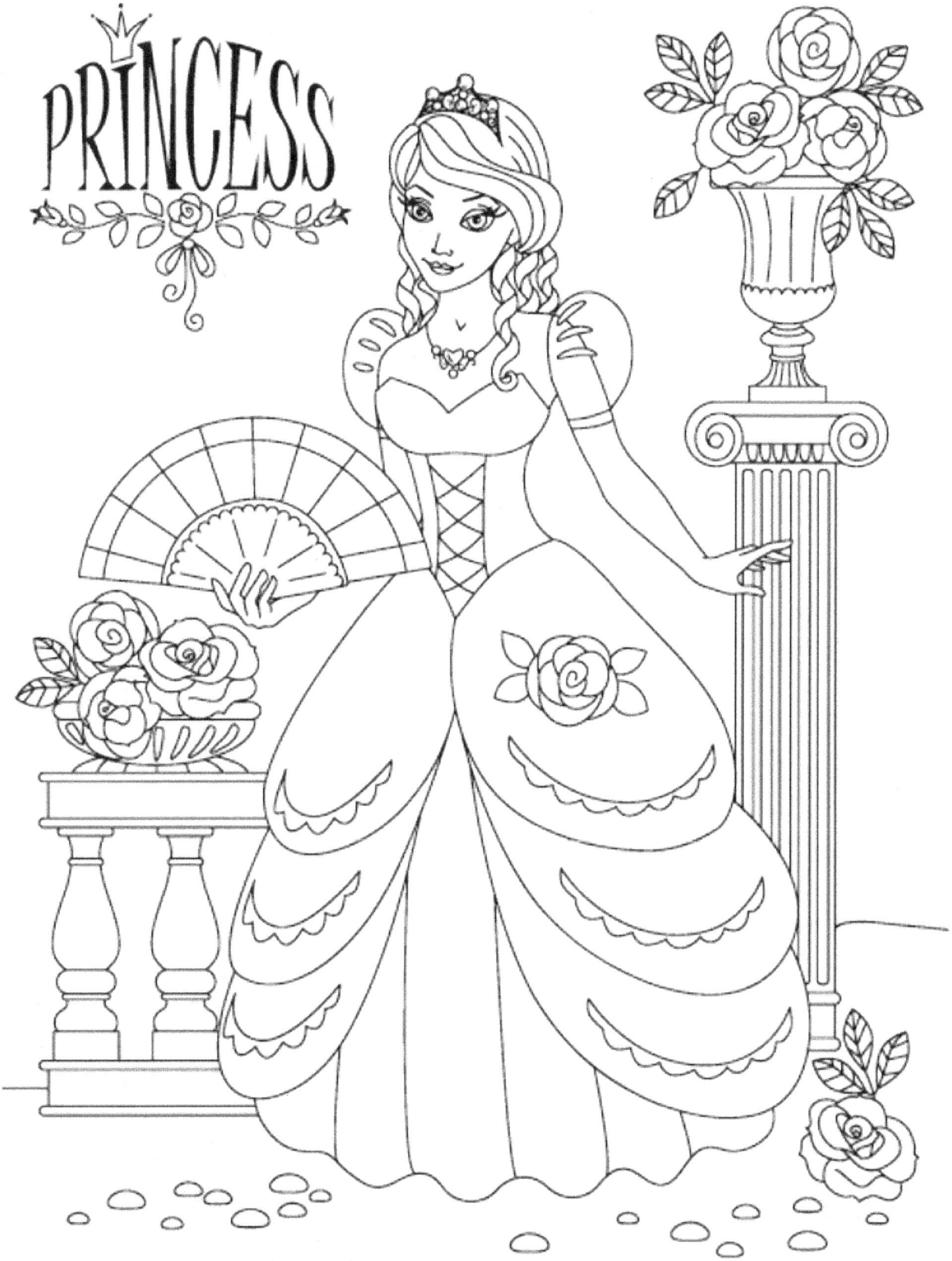
PRINCESS

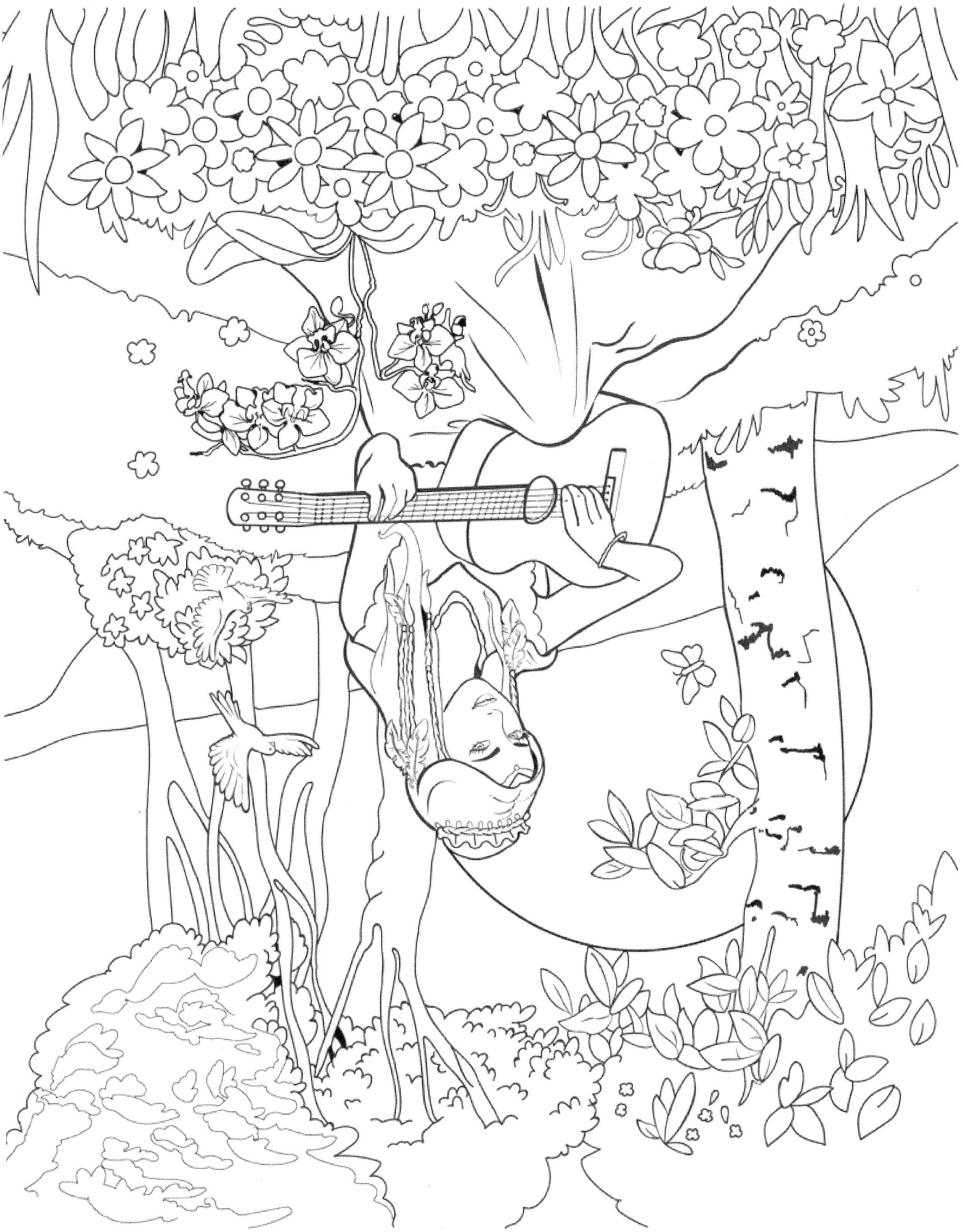

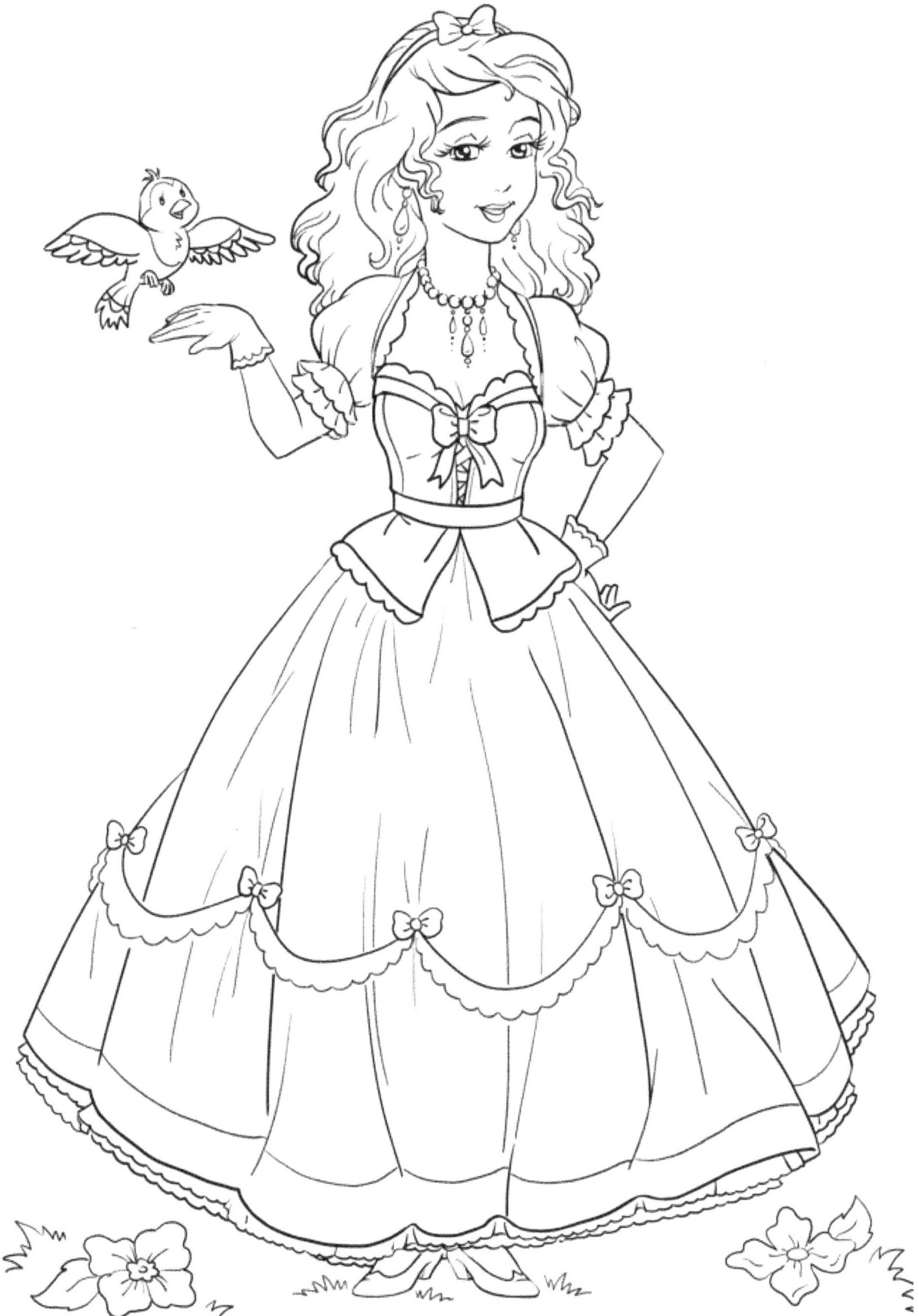

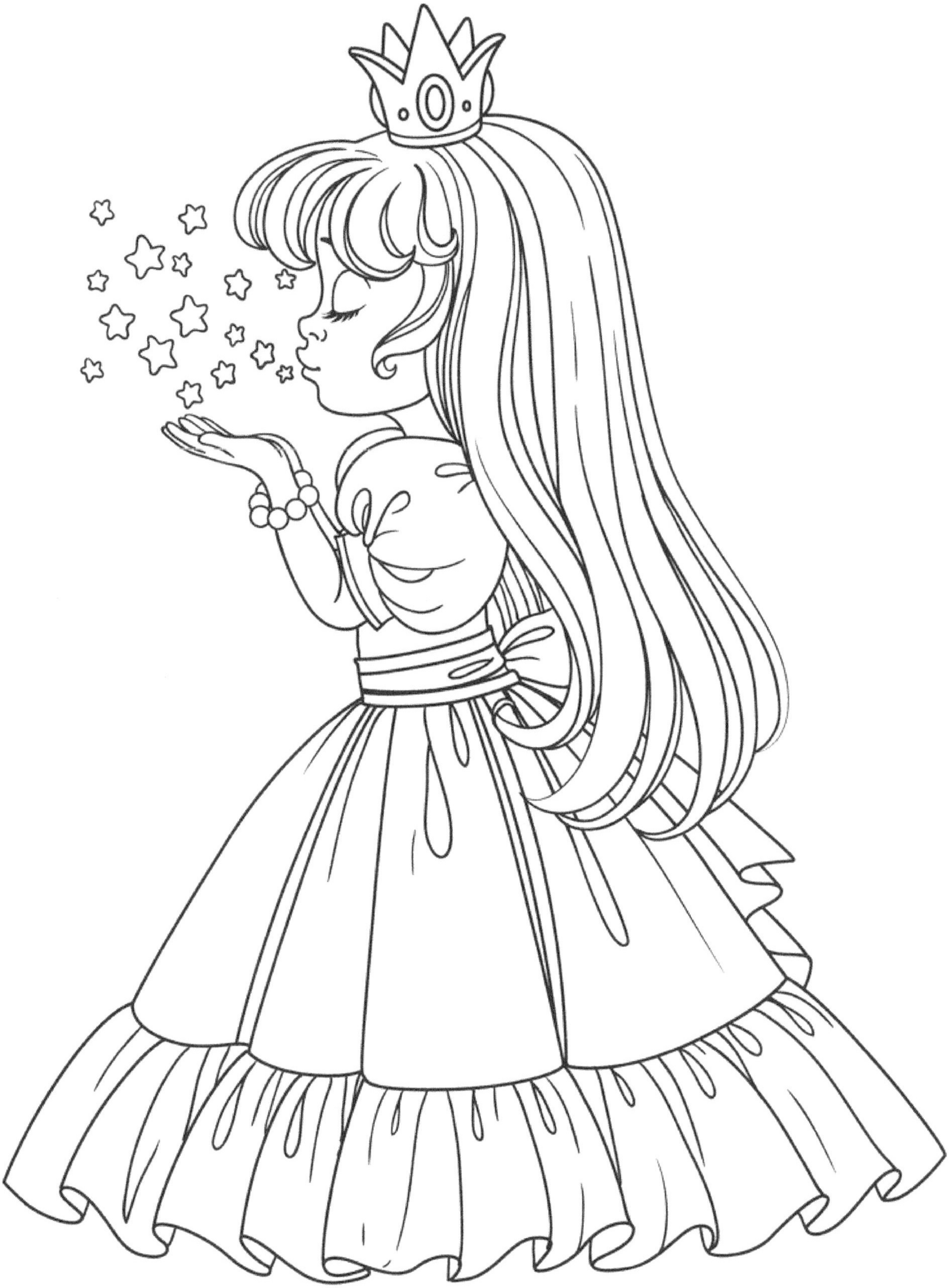

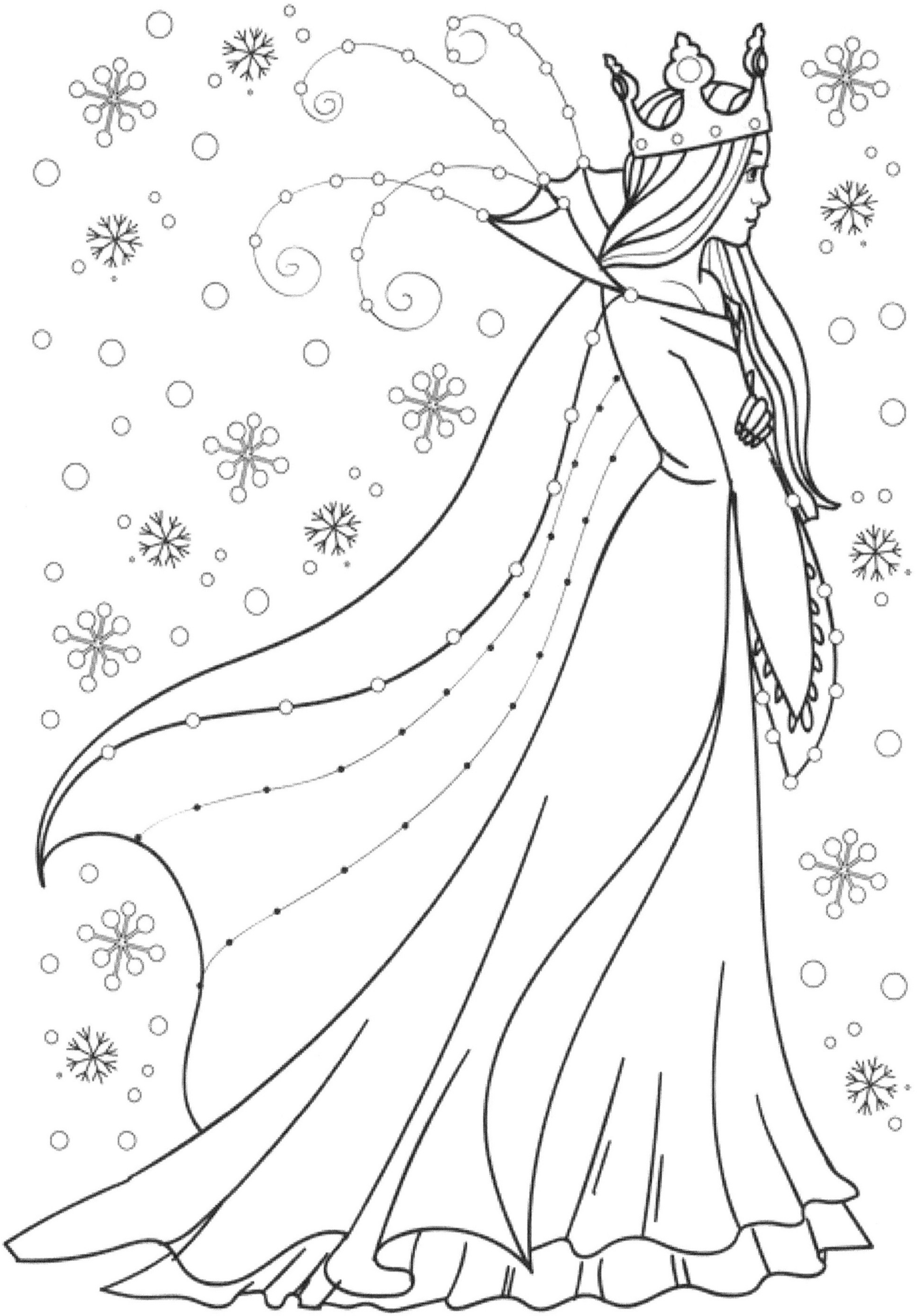

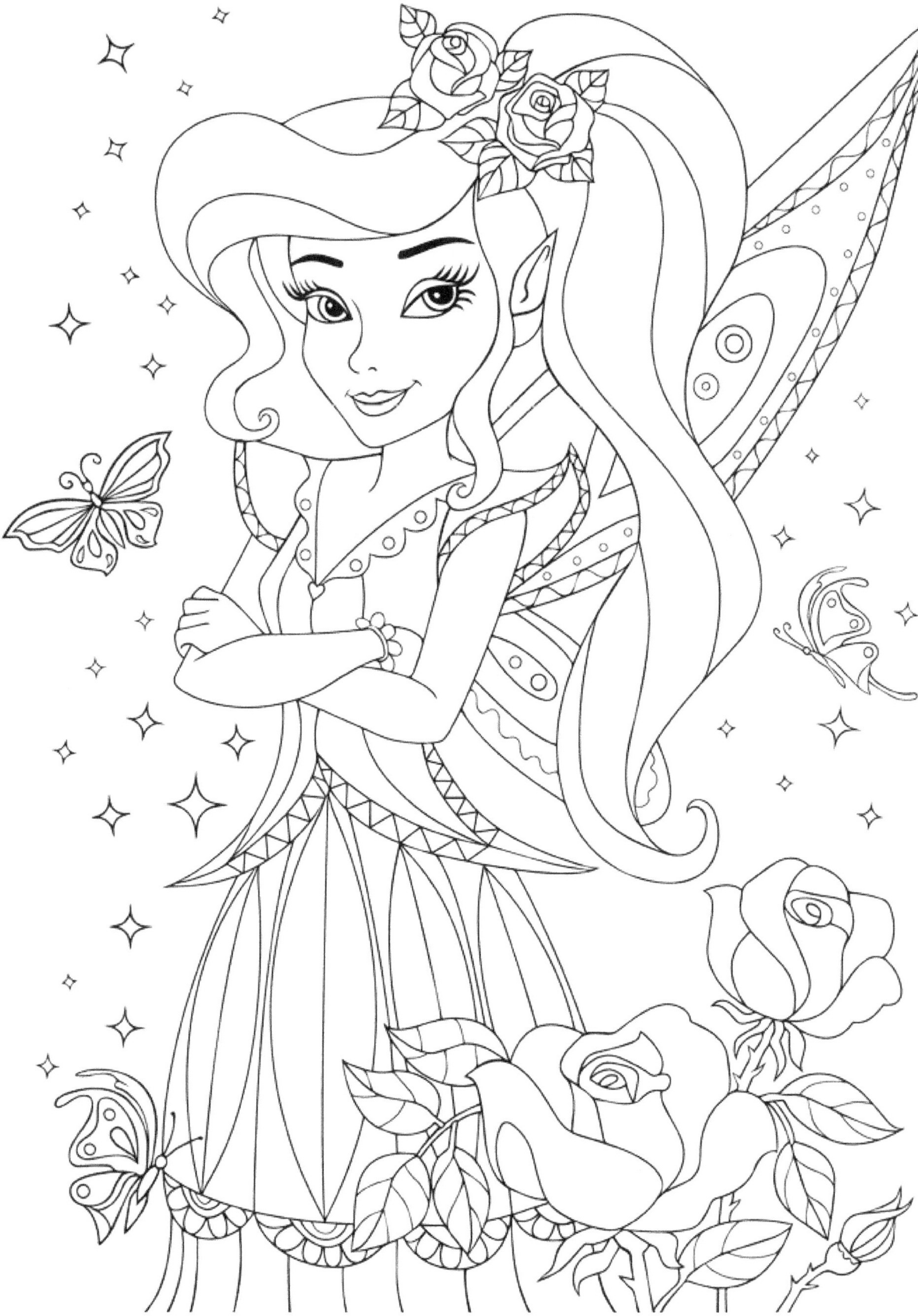

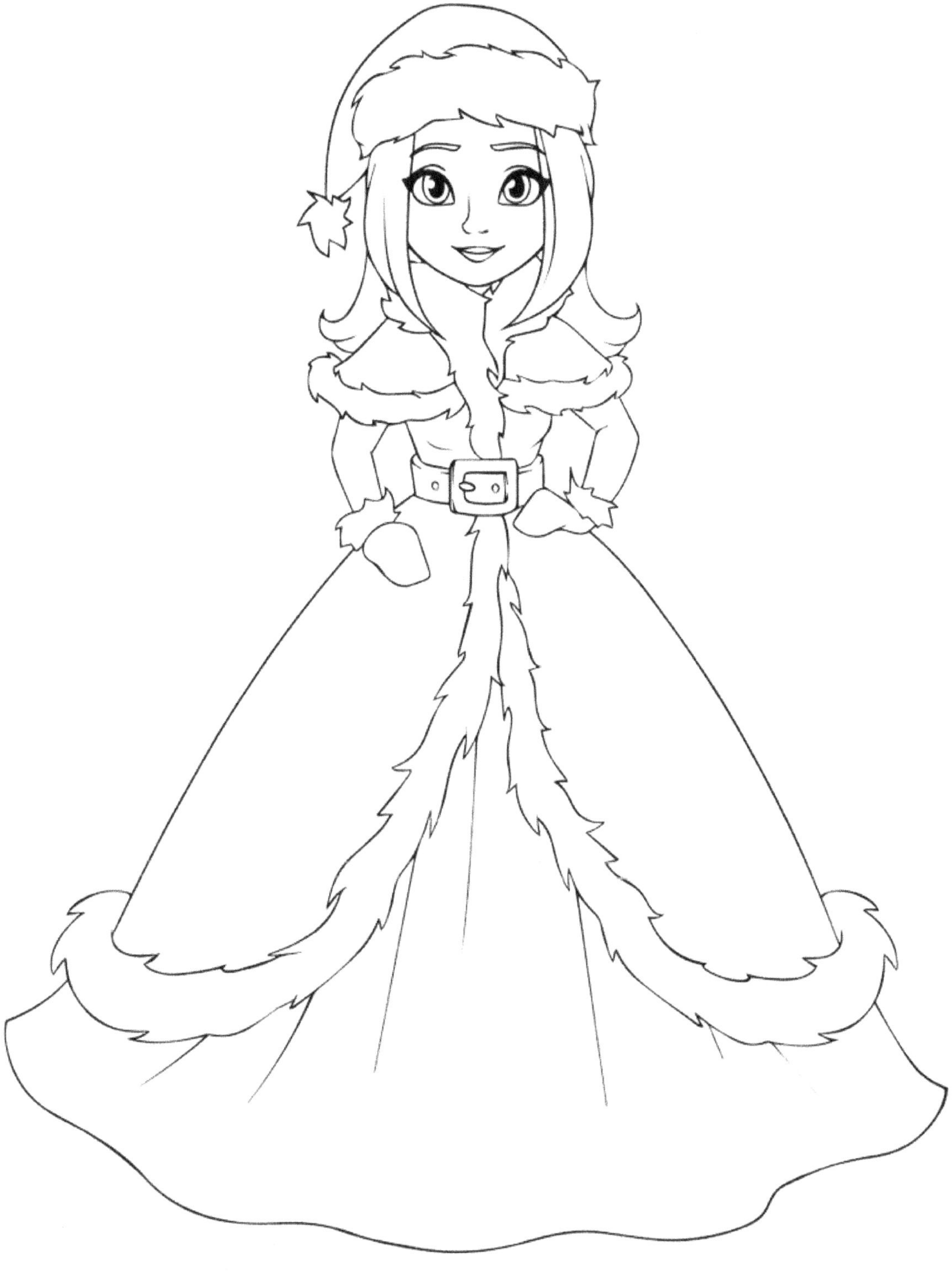

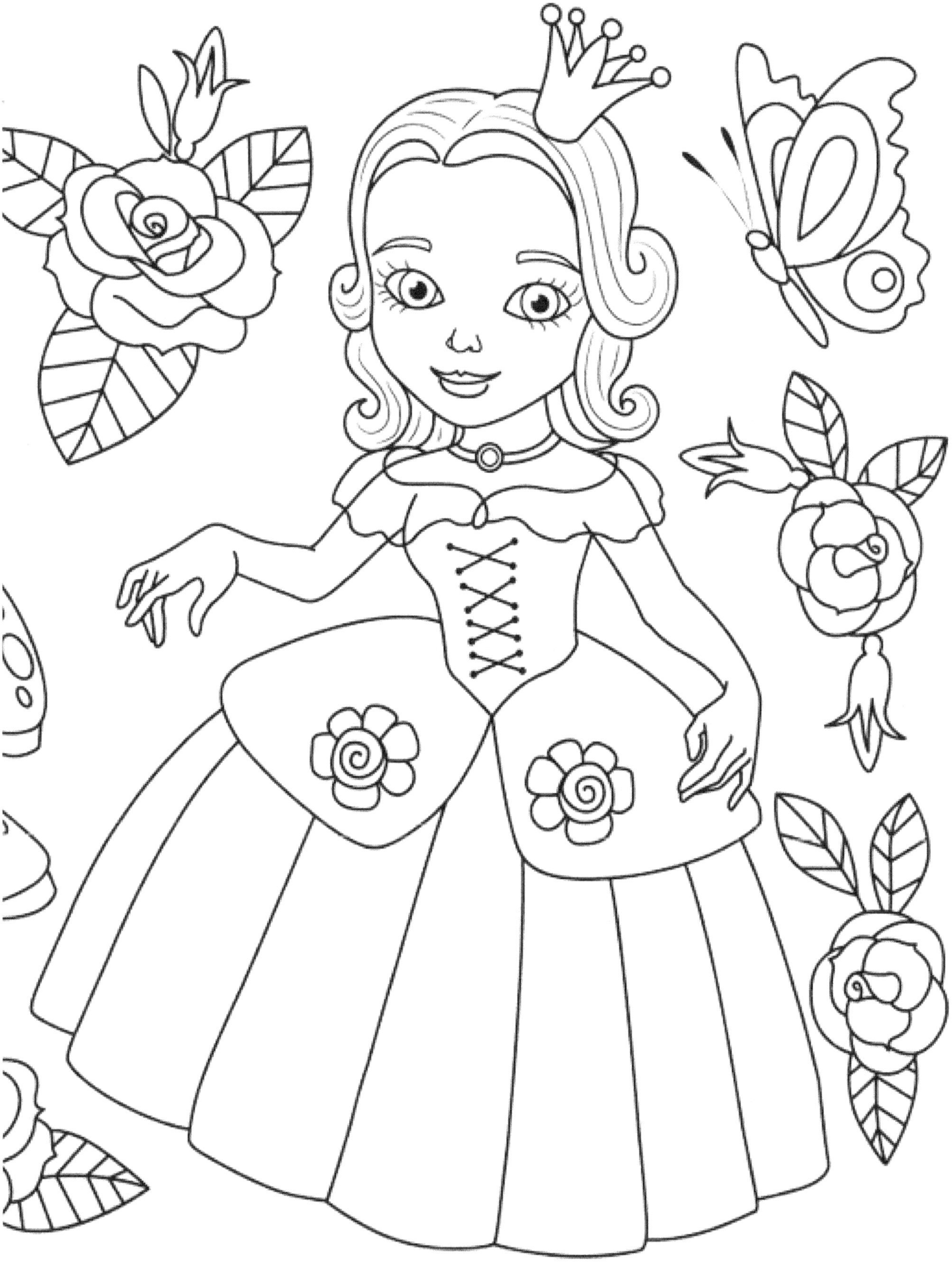

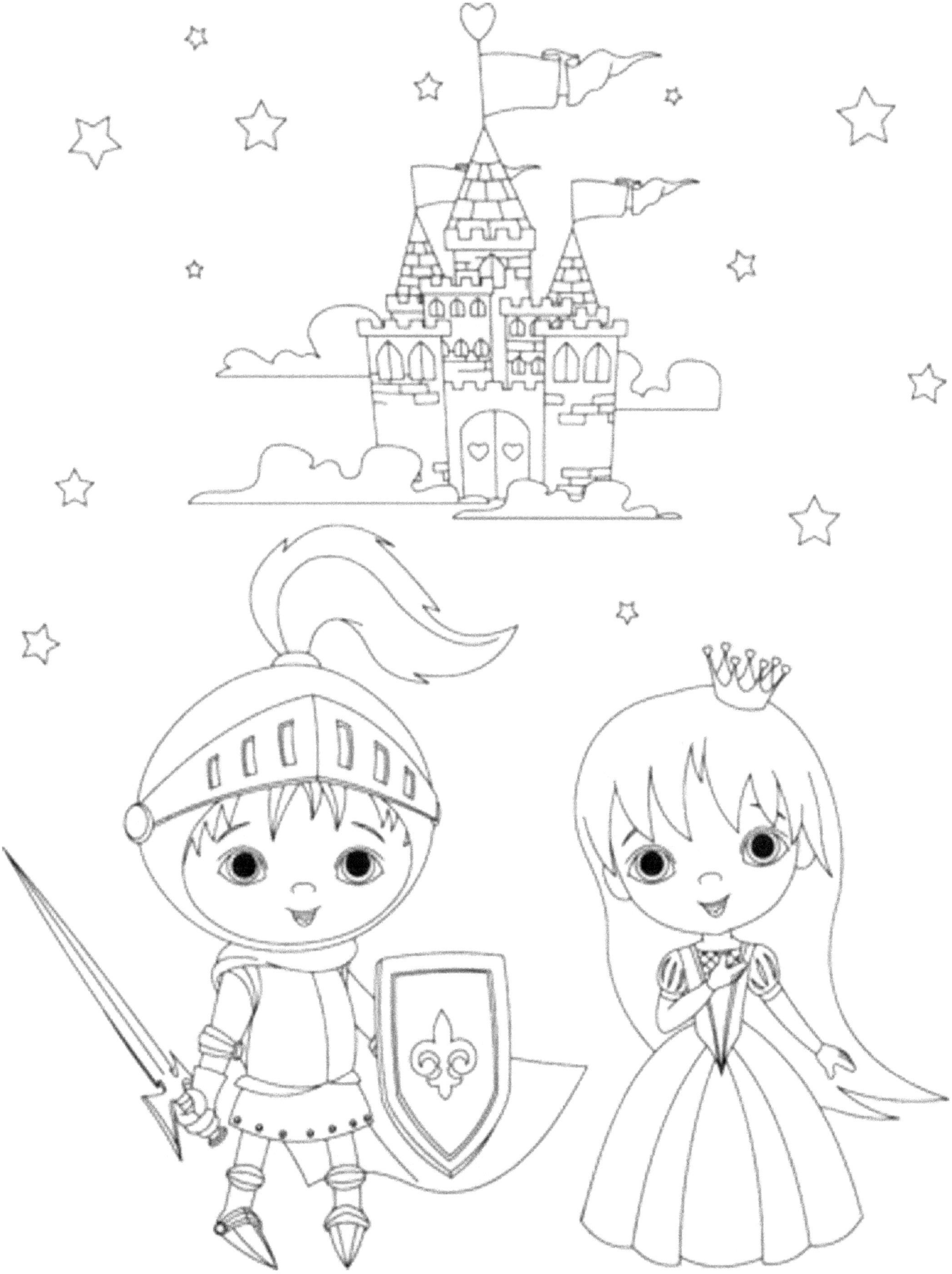

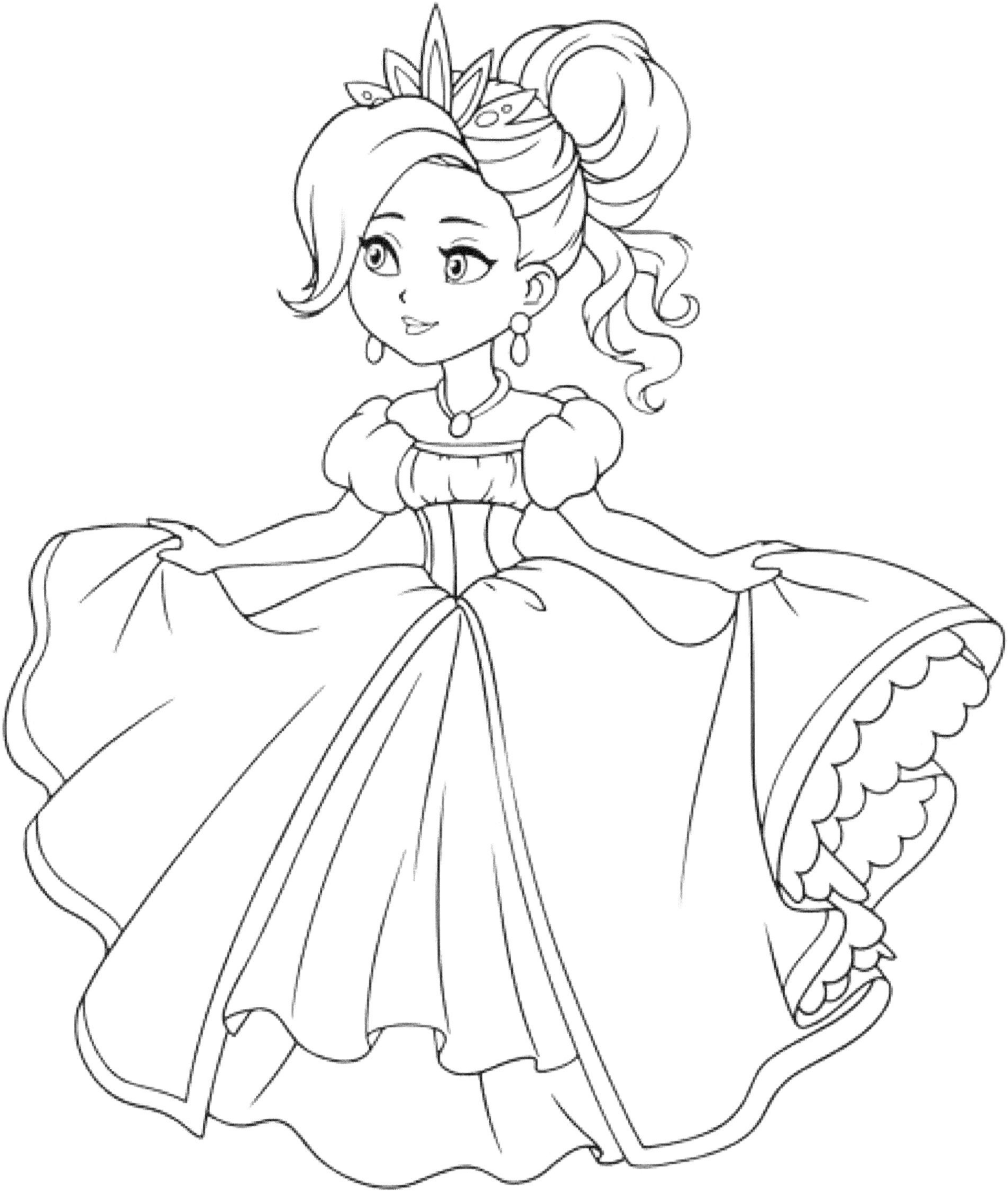

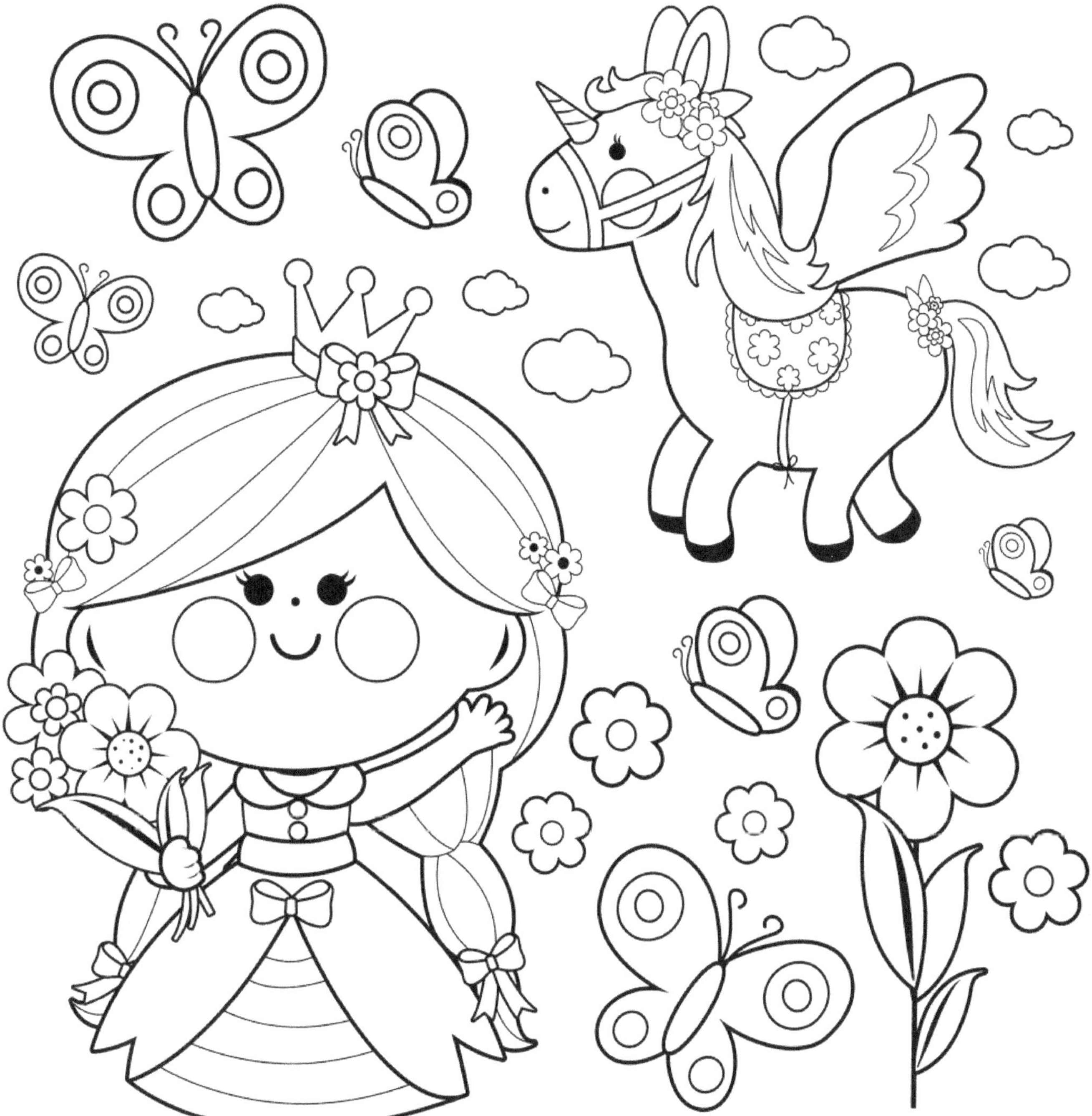

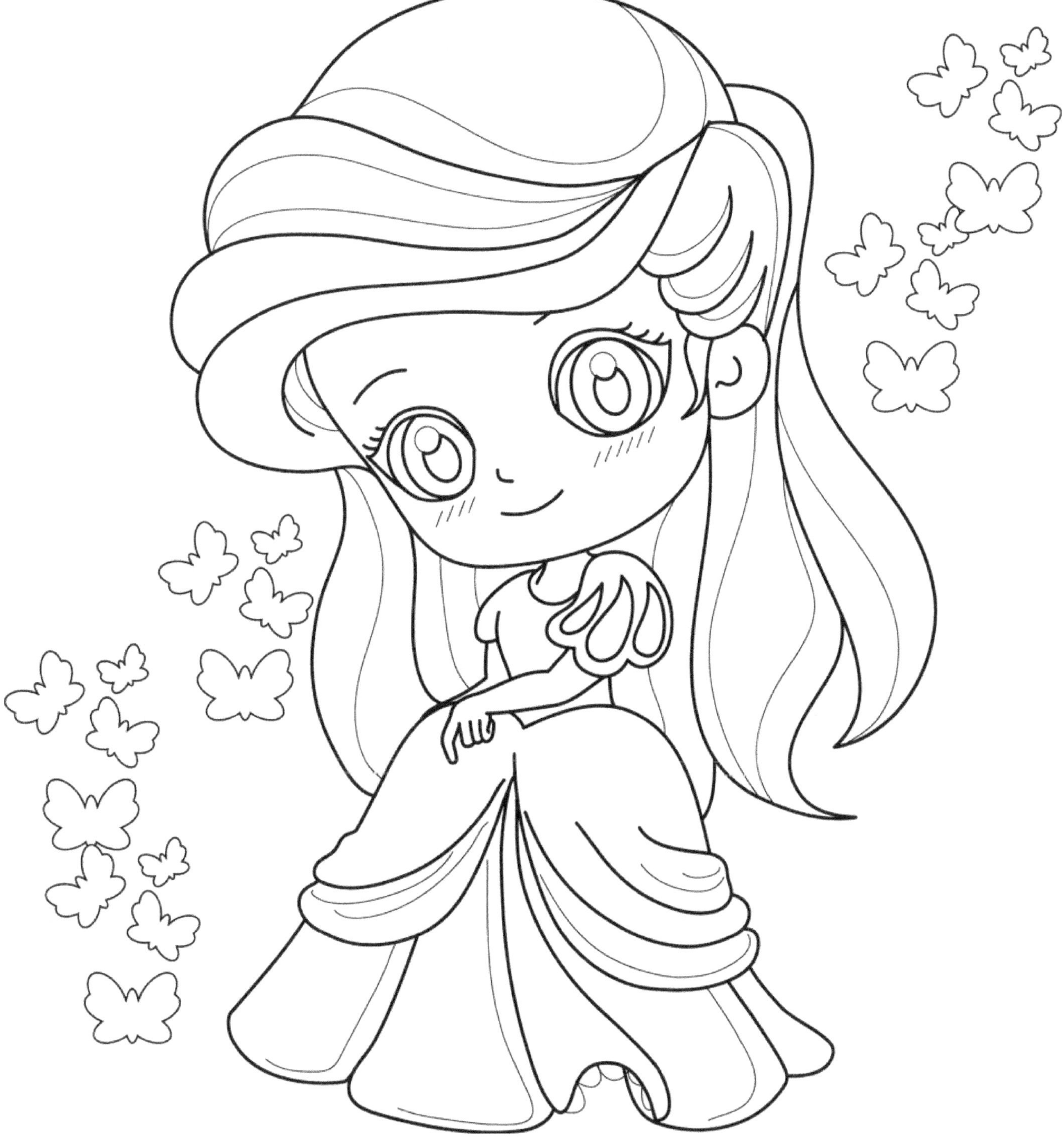

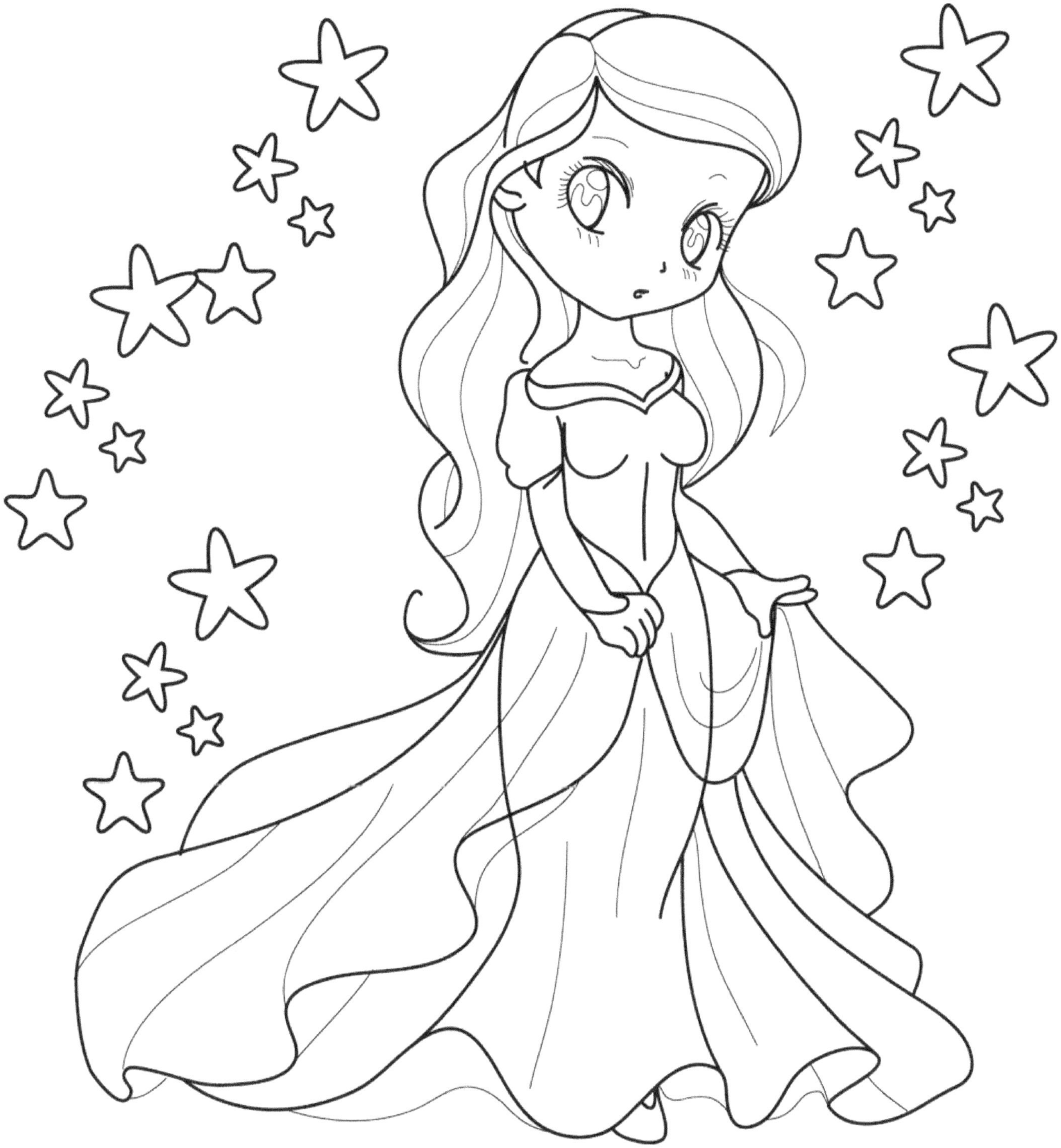

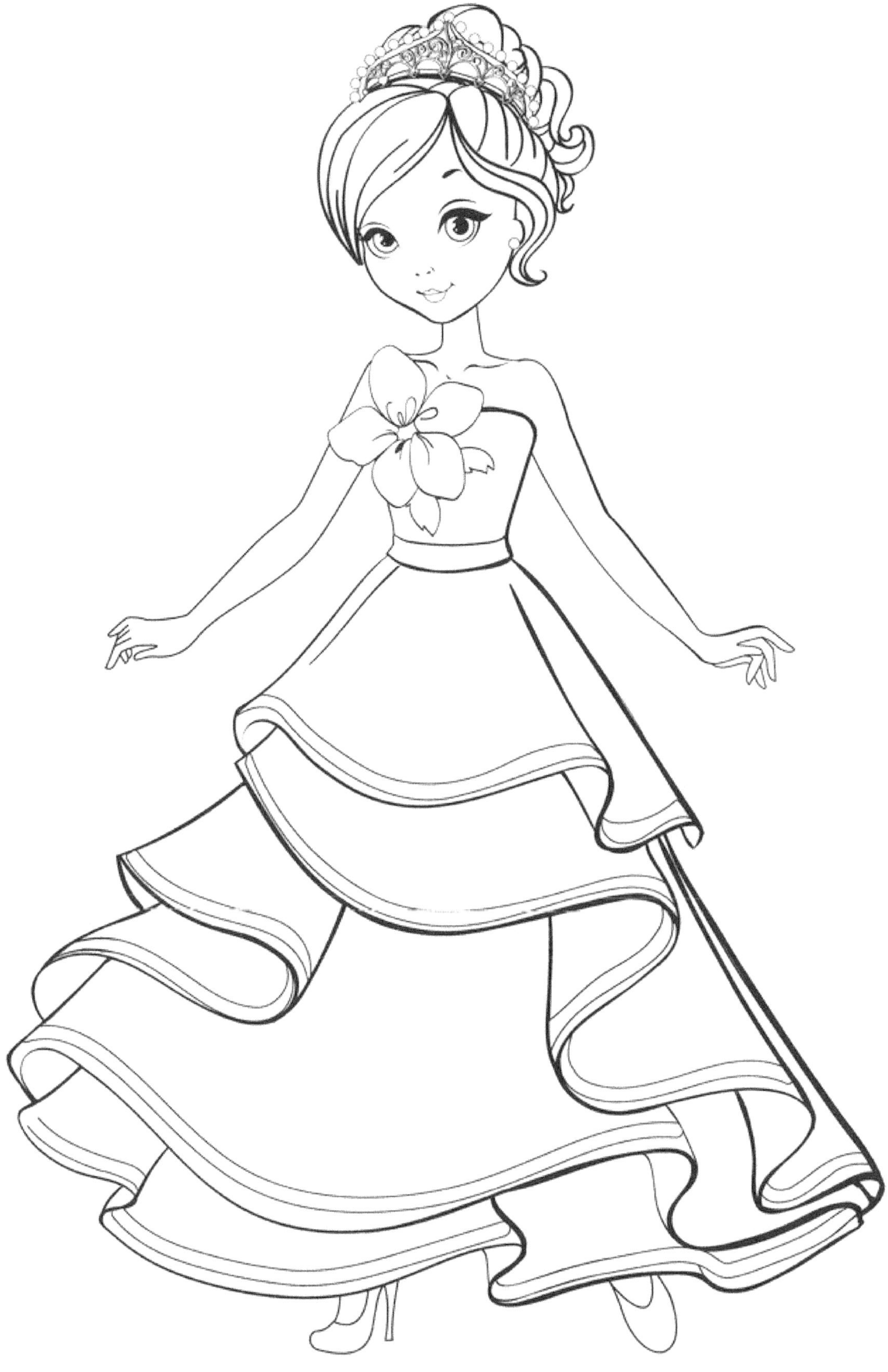

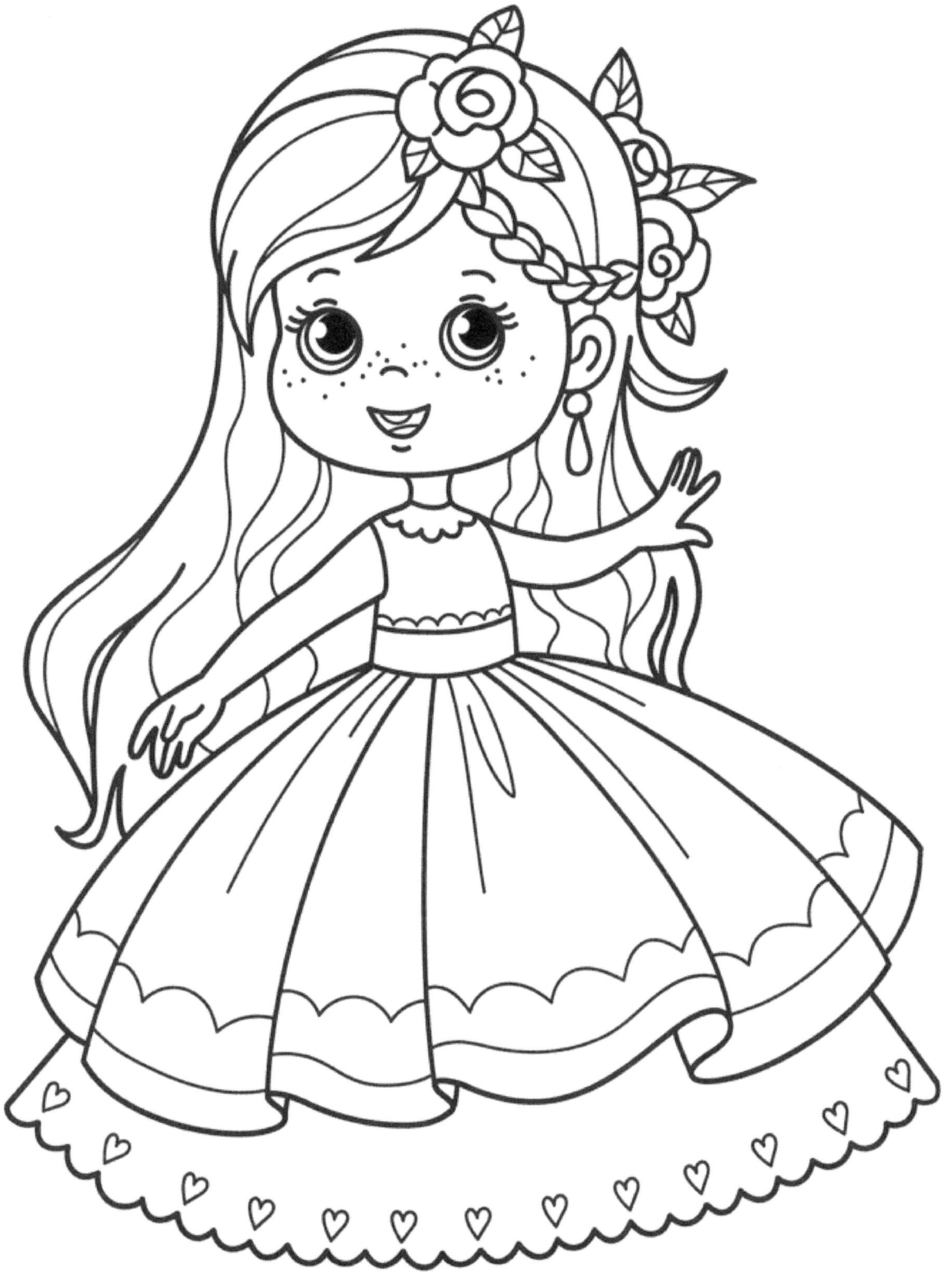

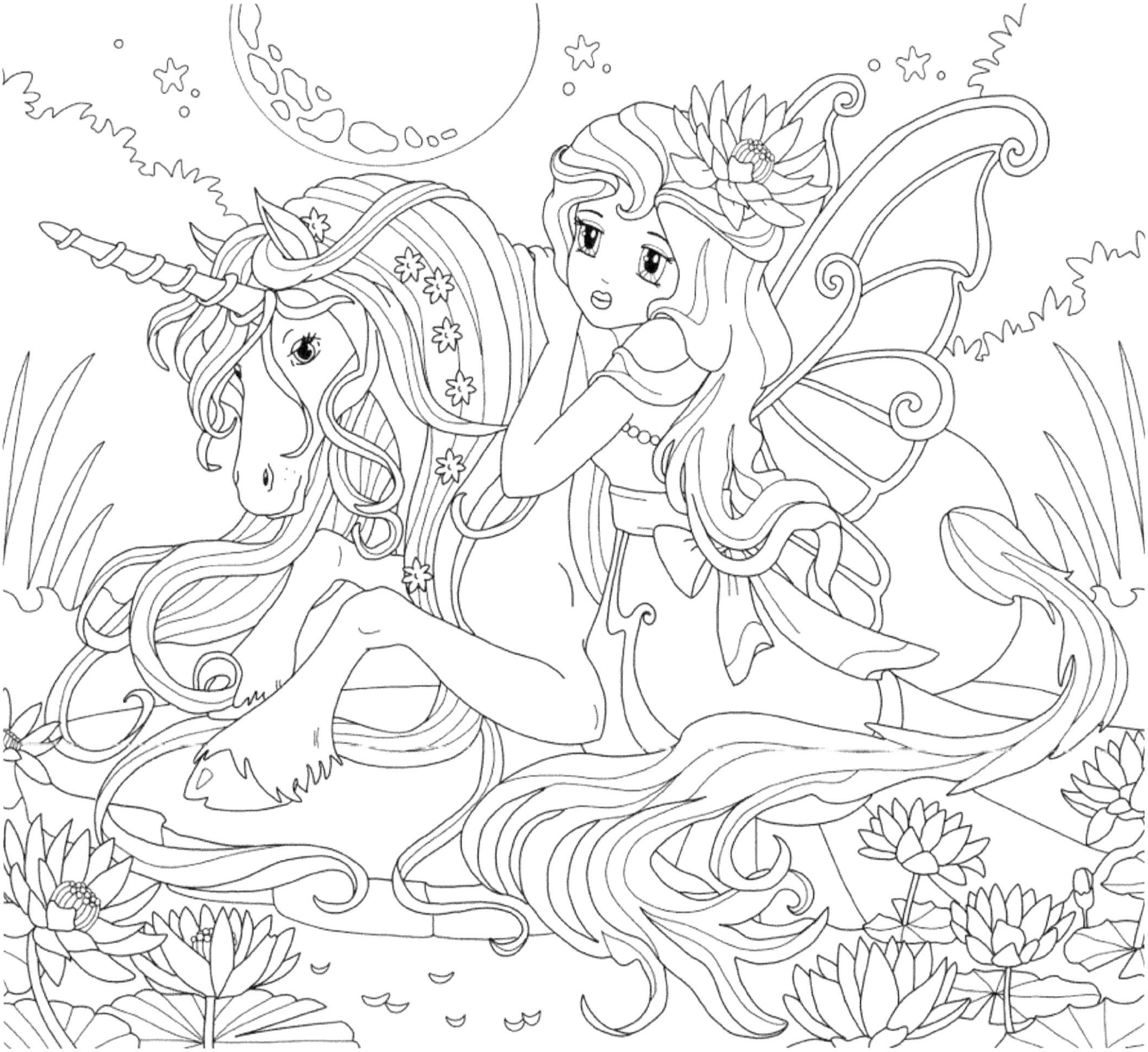

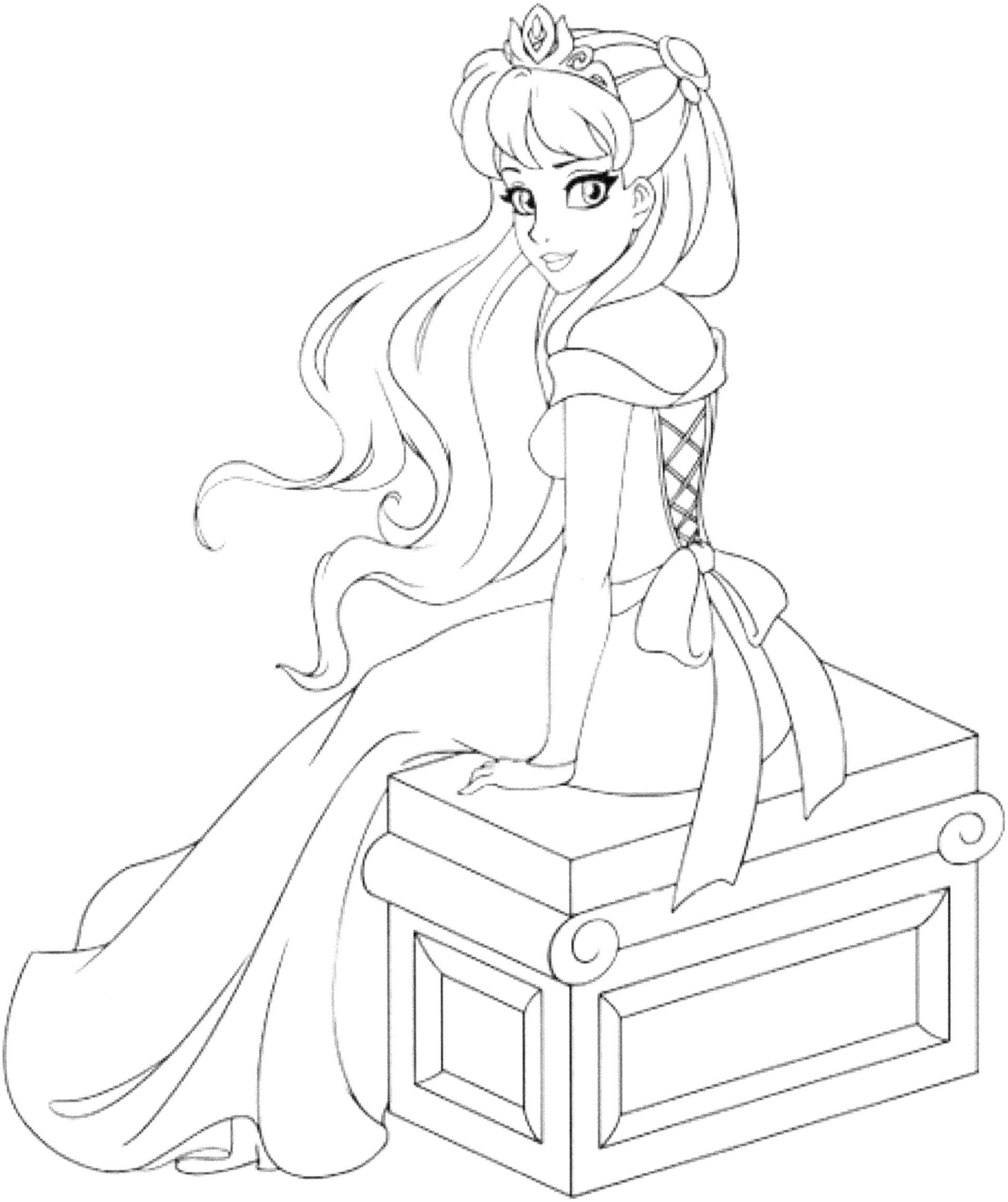

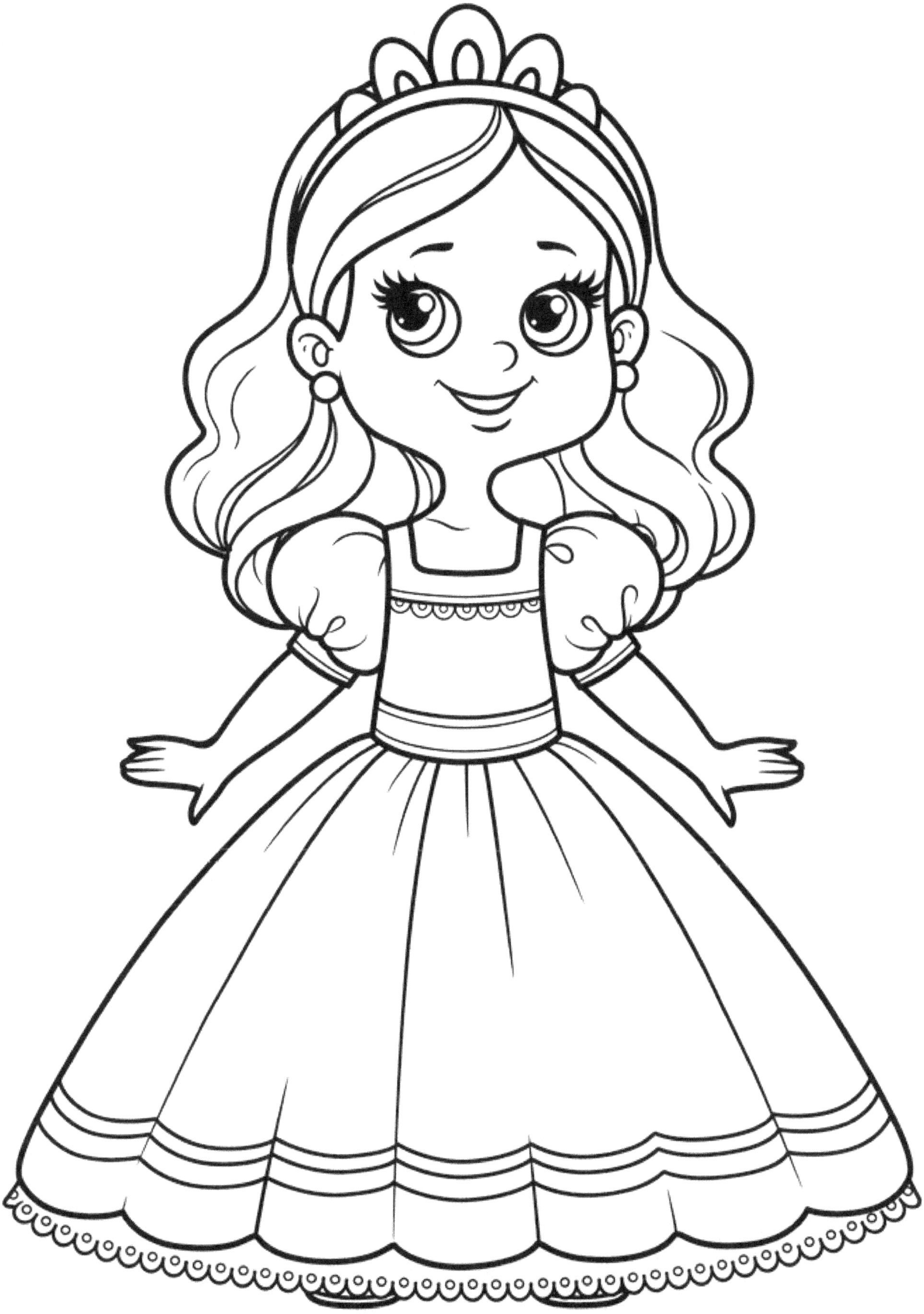

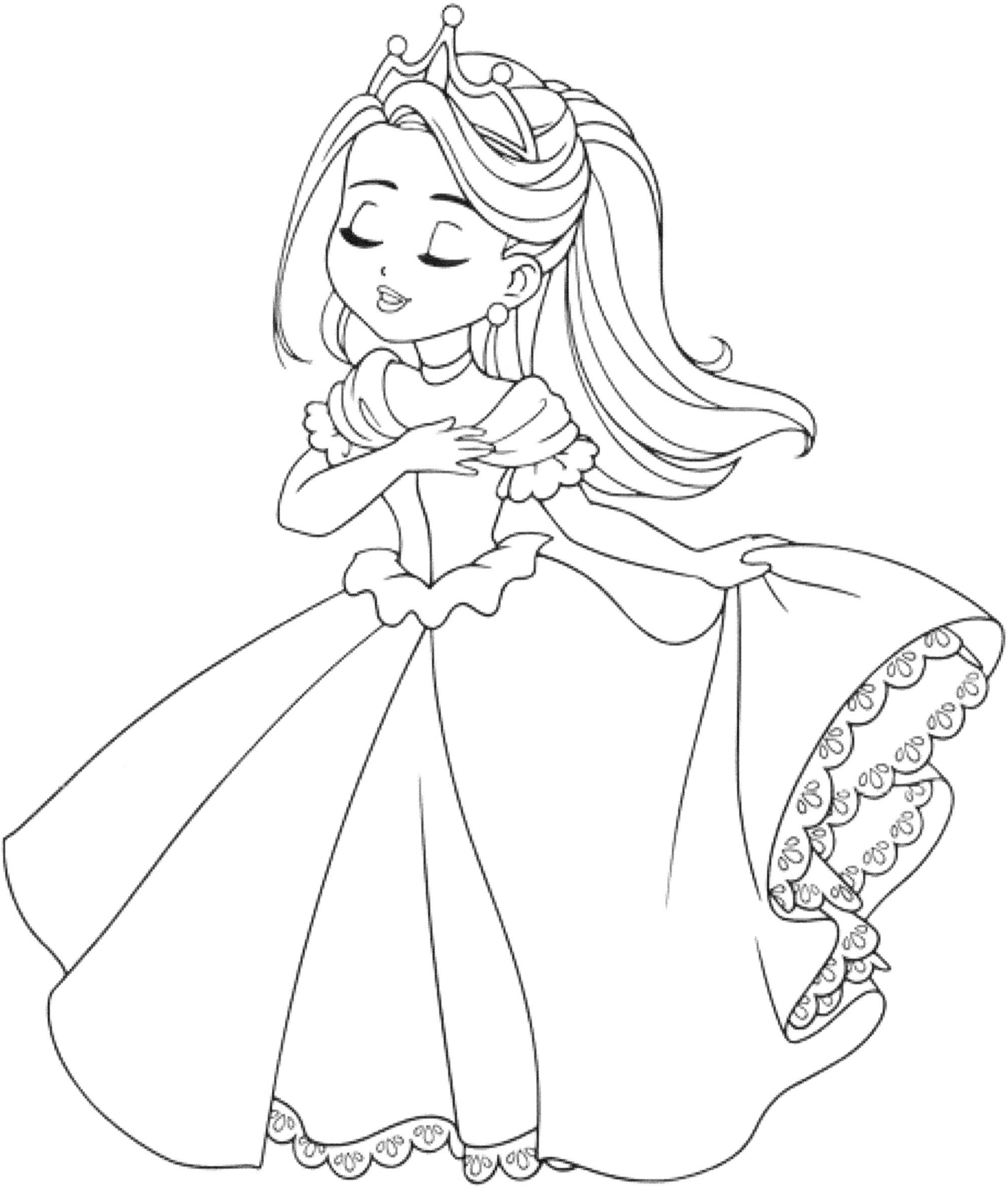

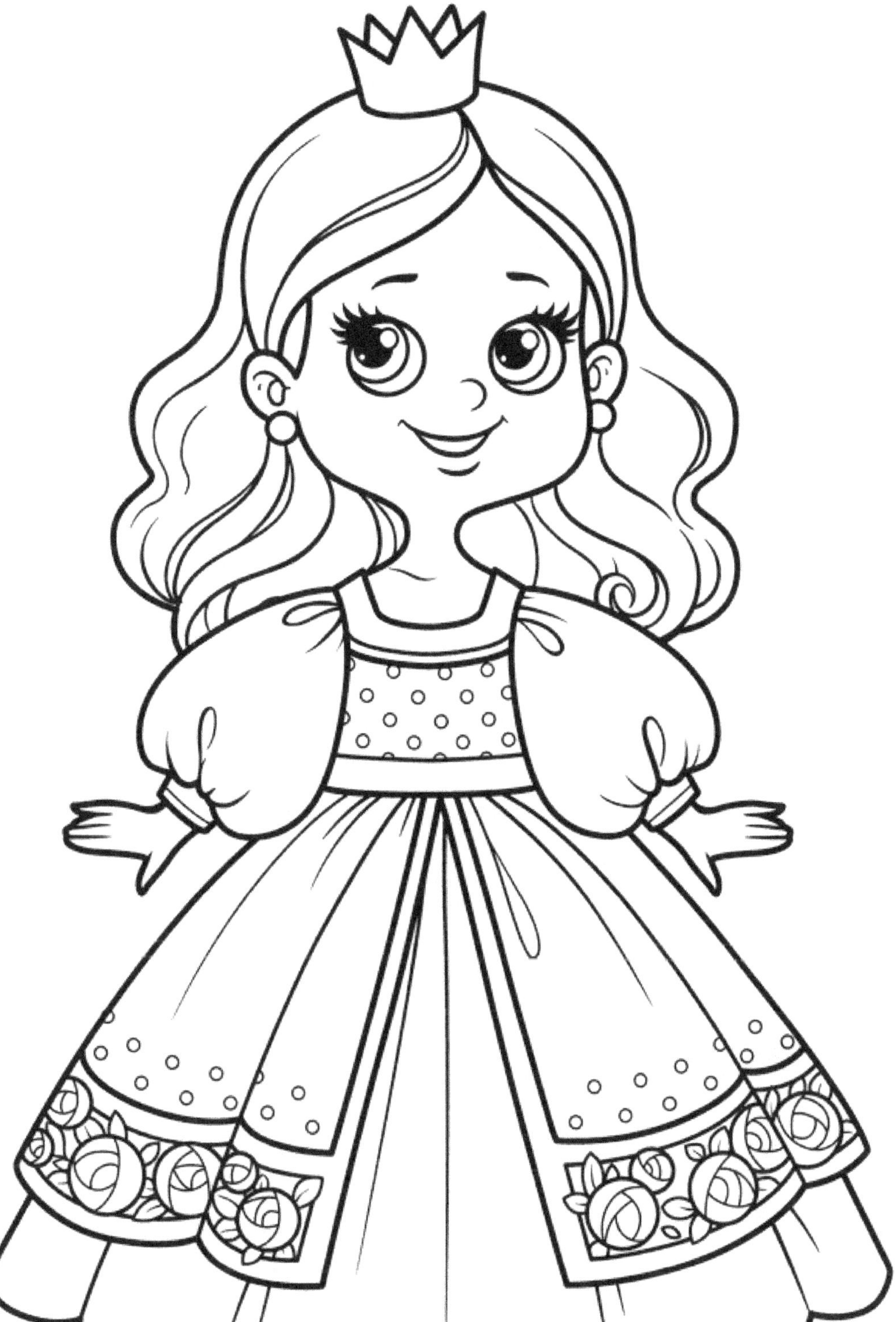

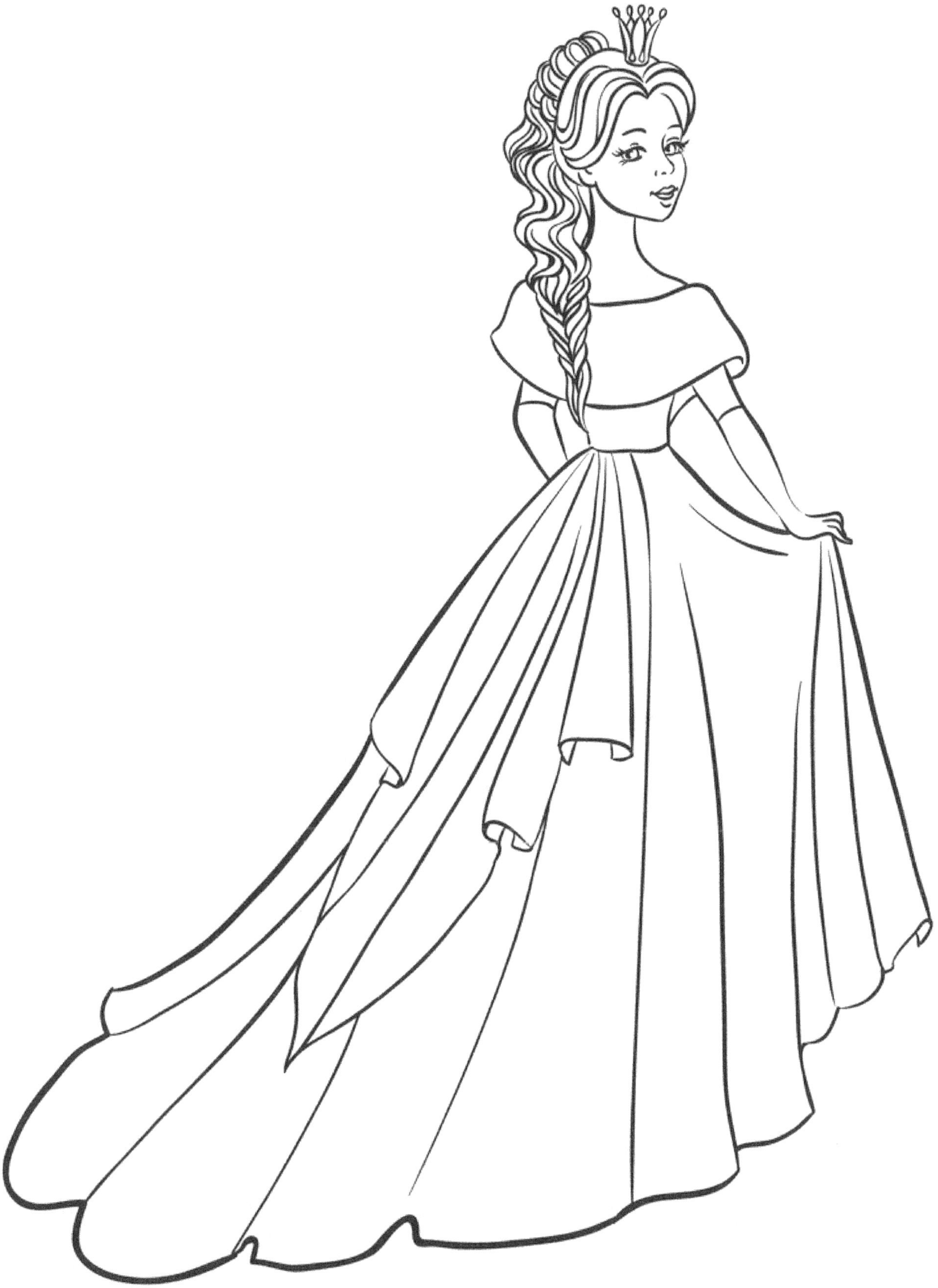

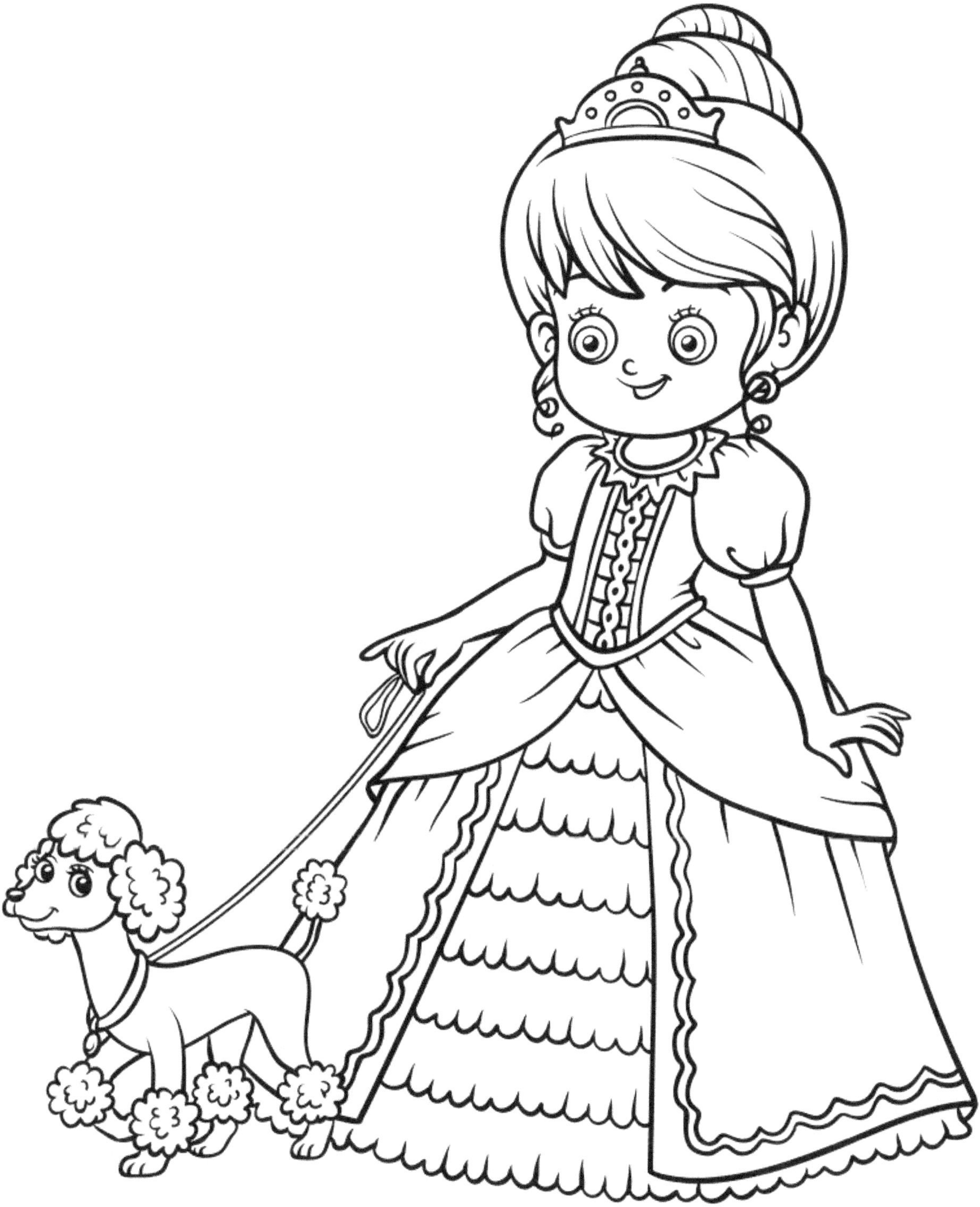

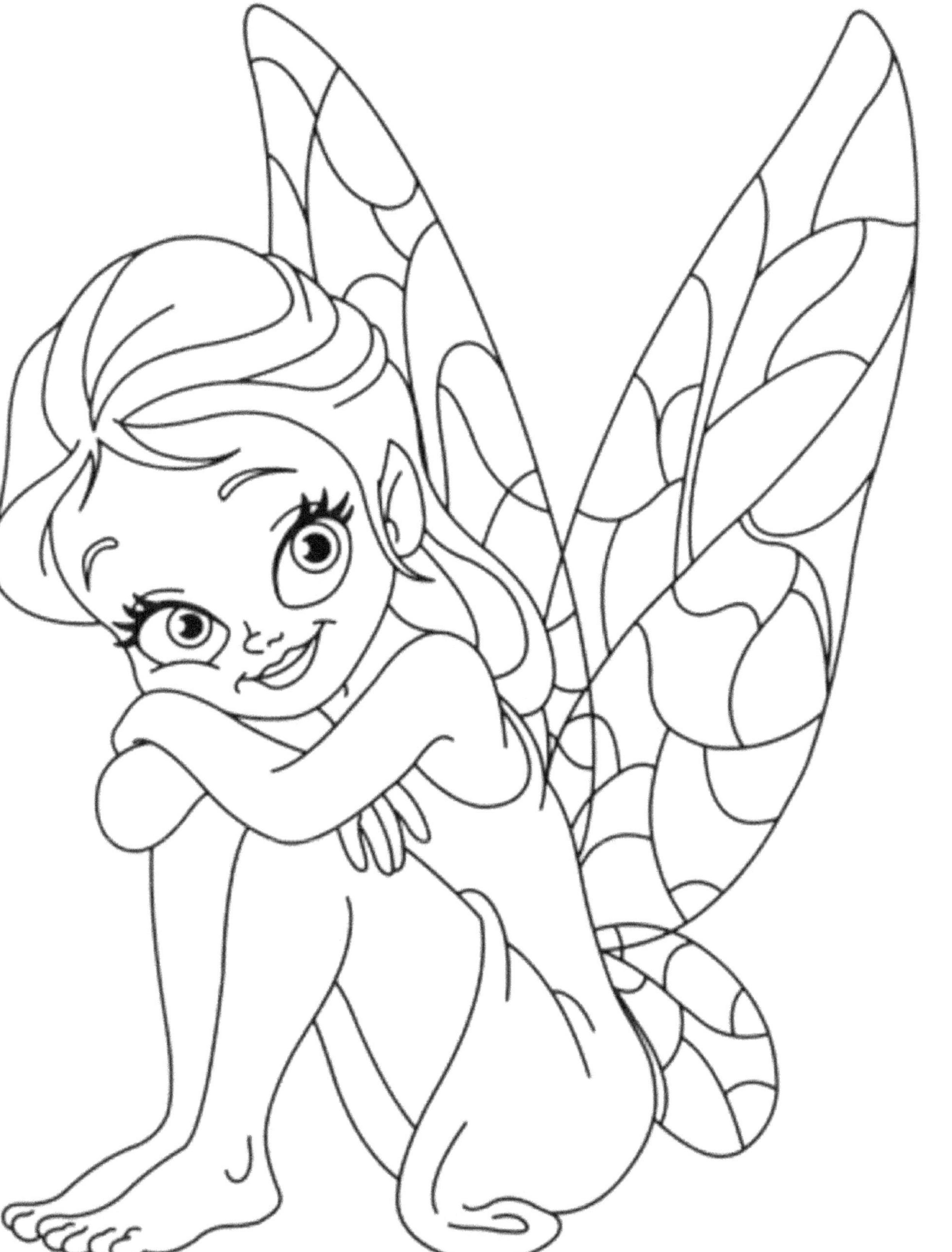

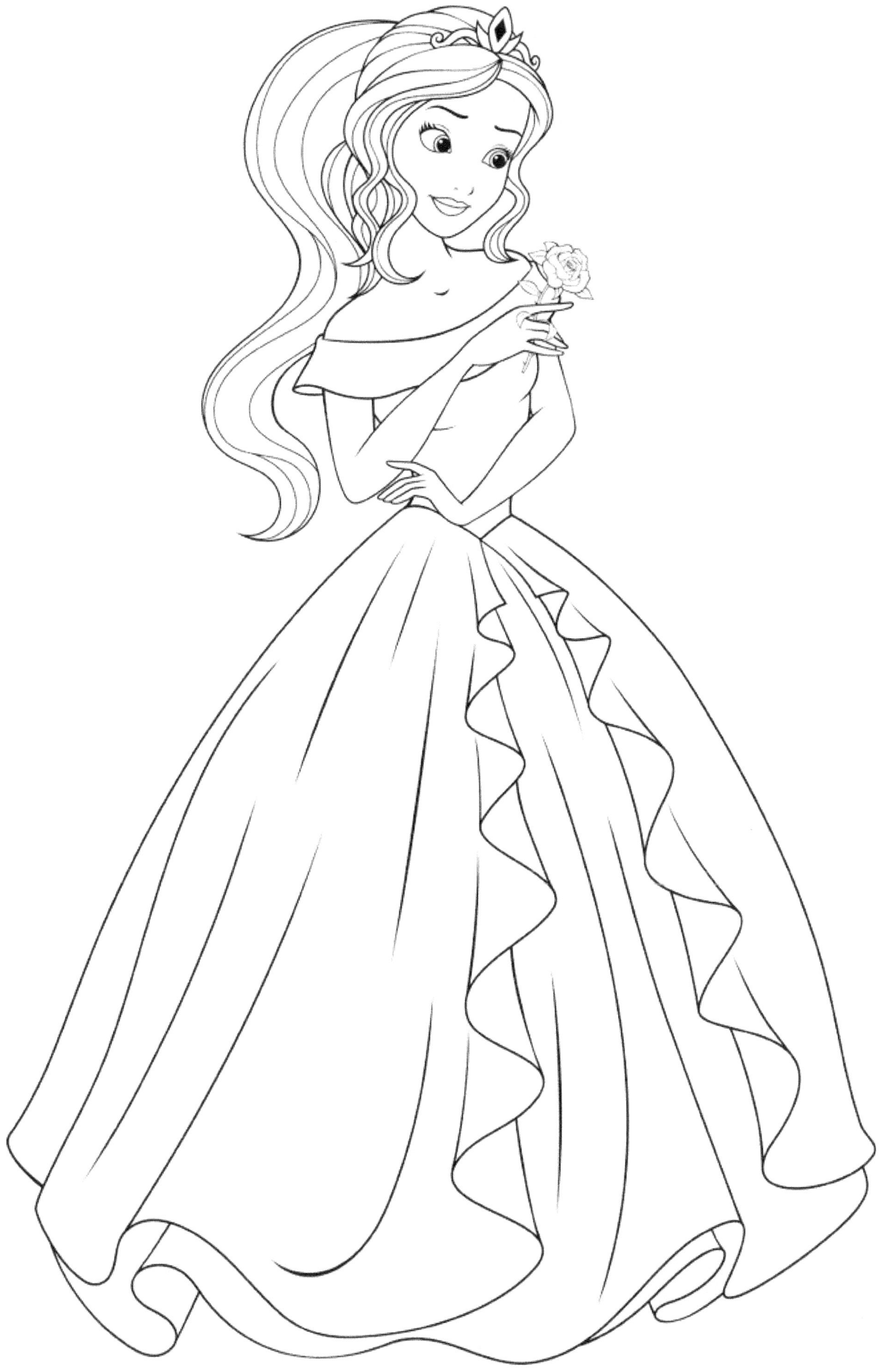

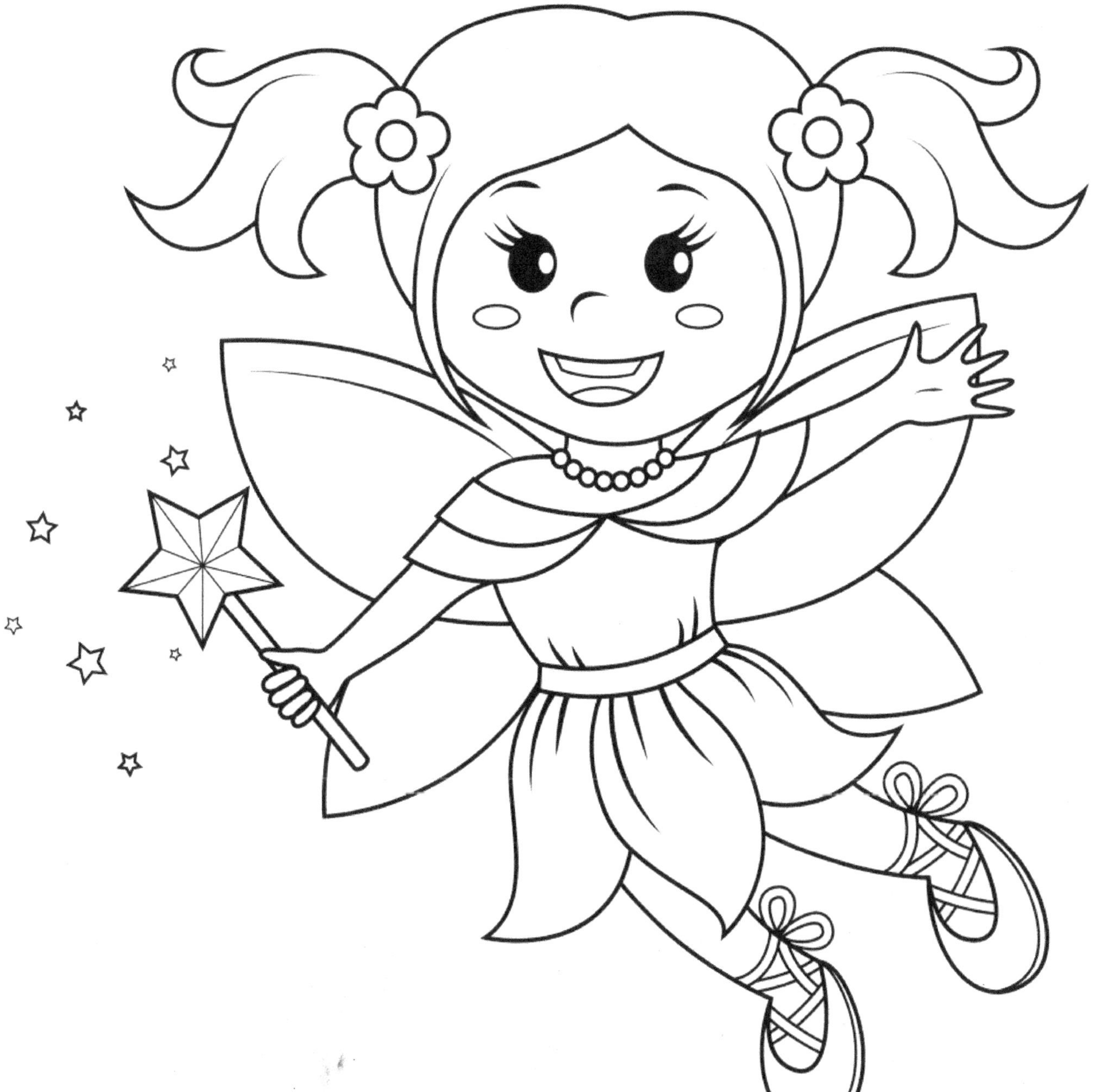

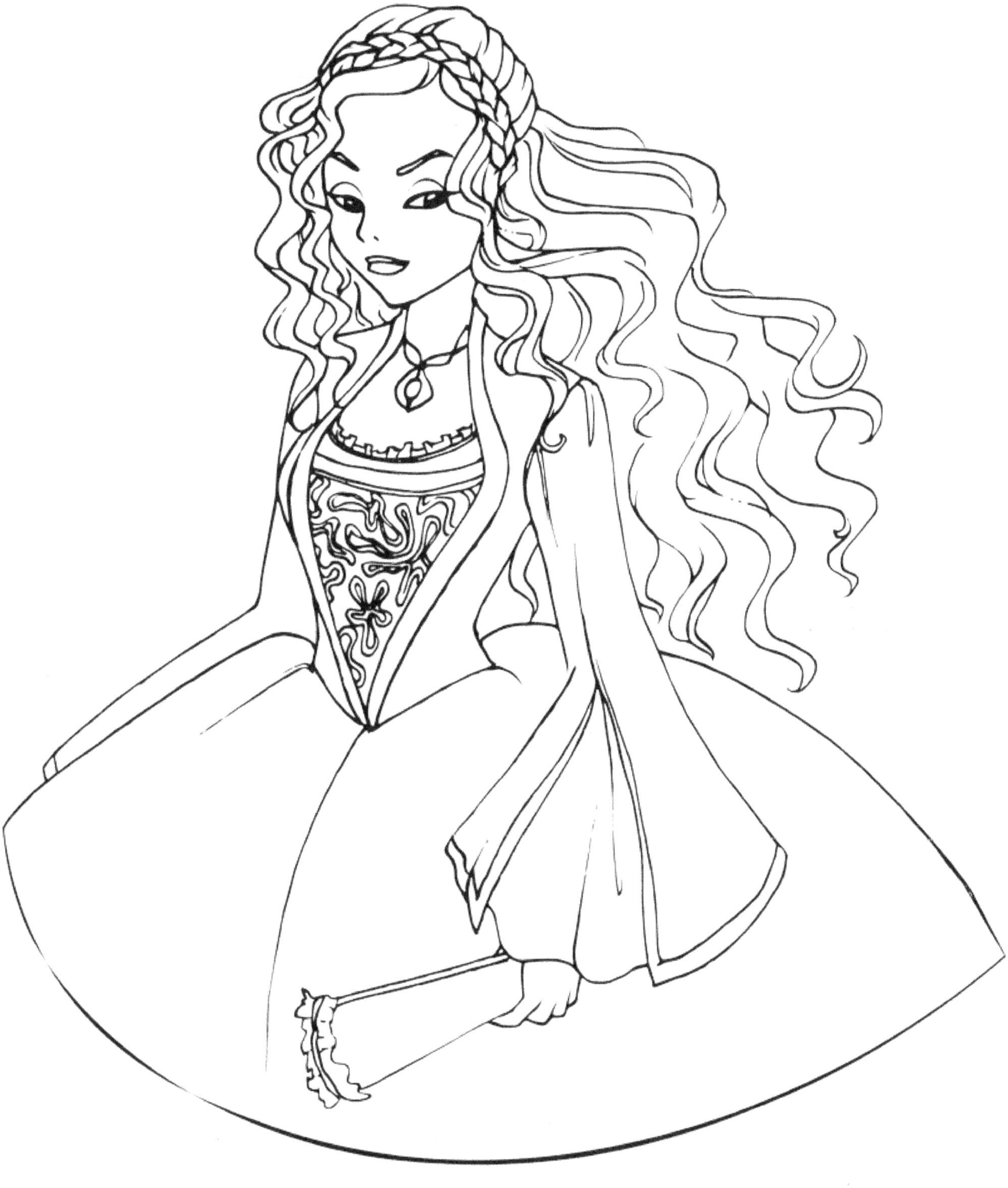

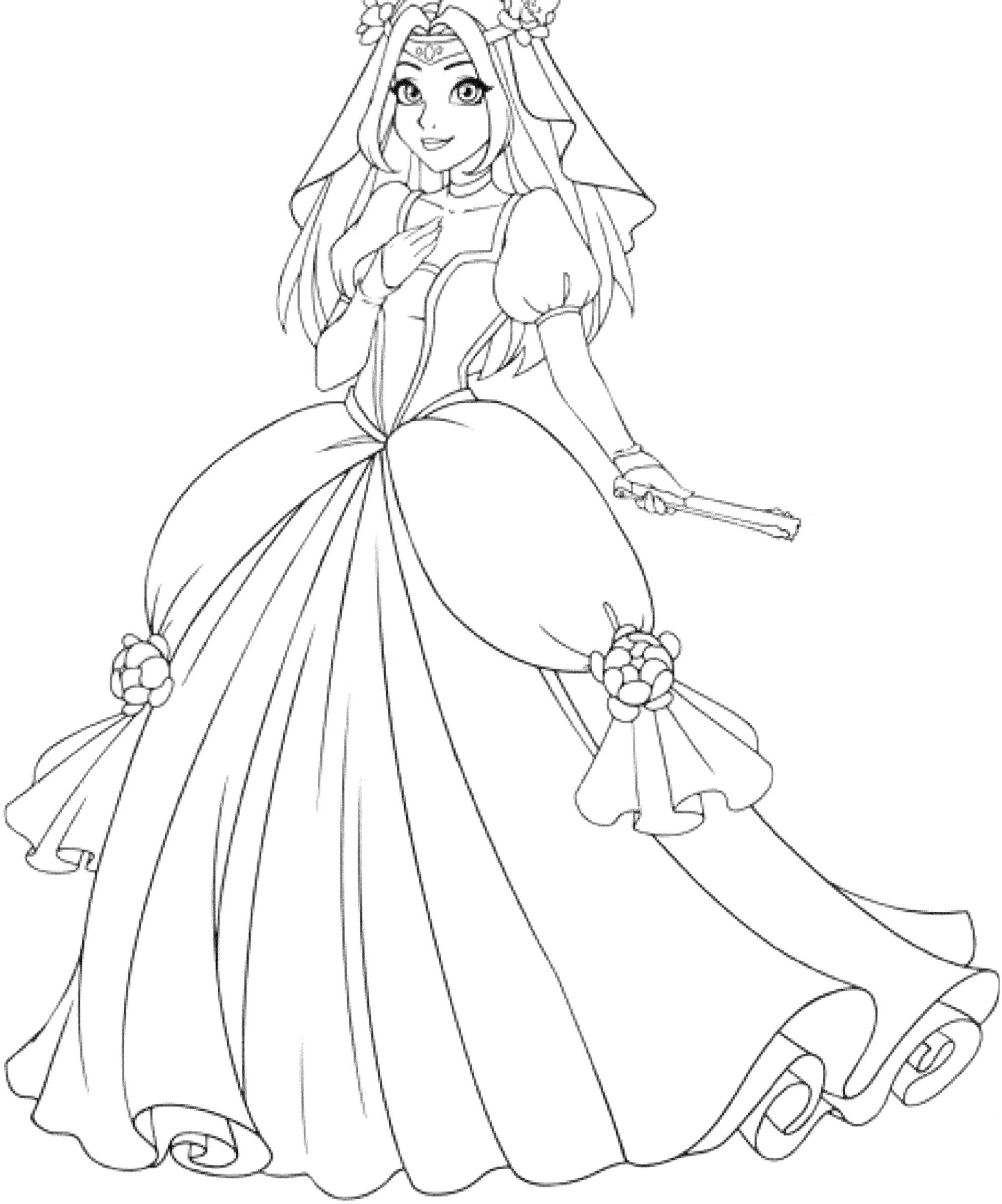

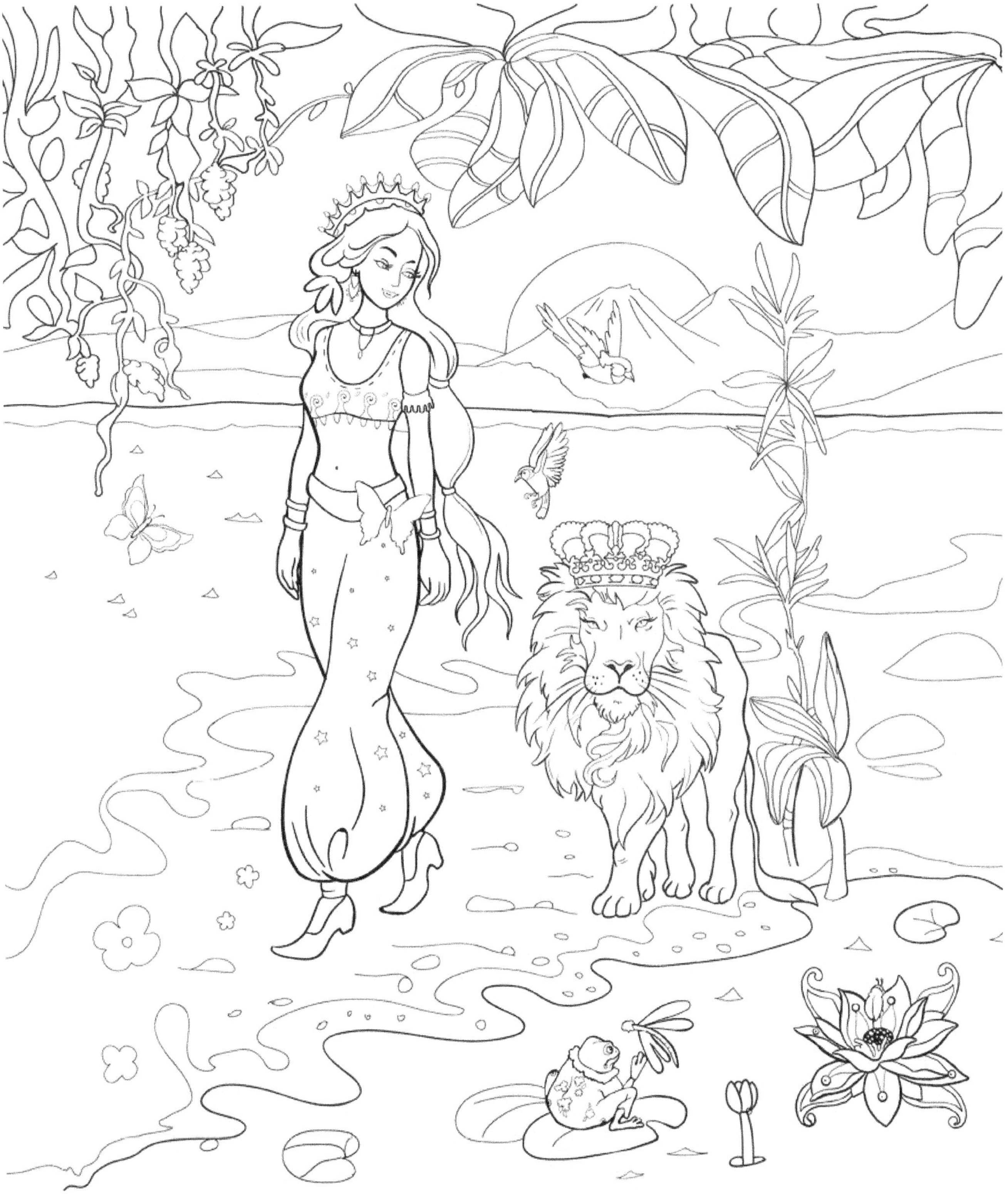

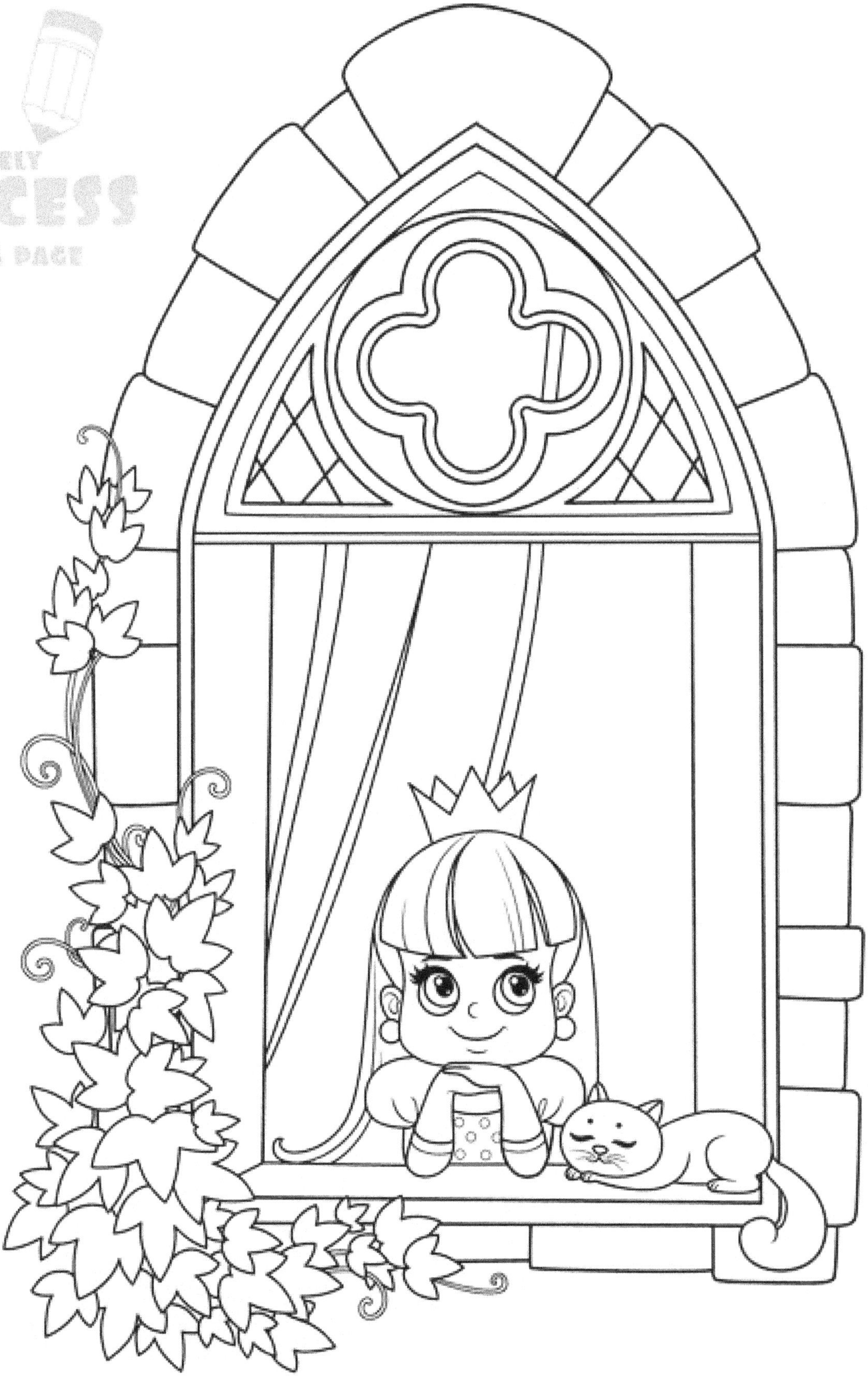

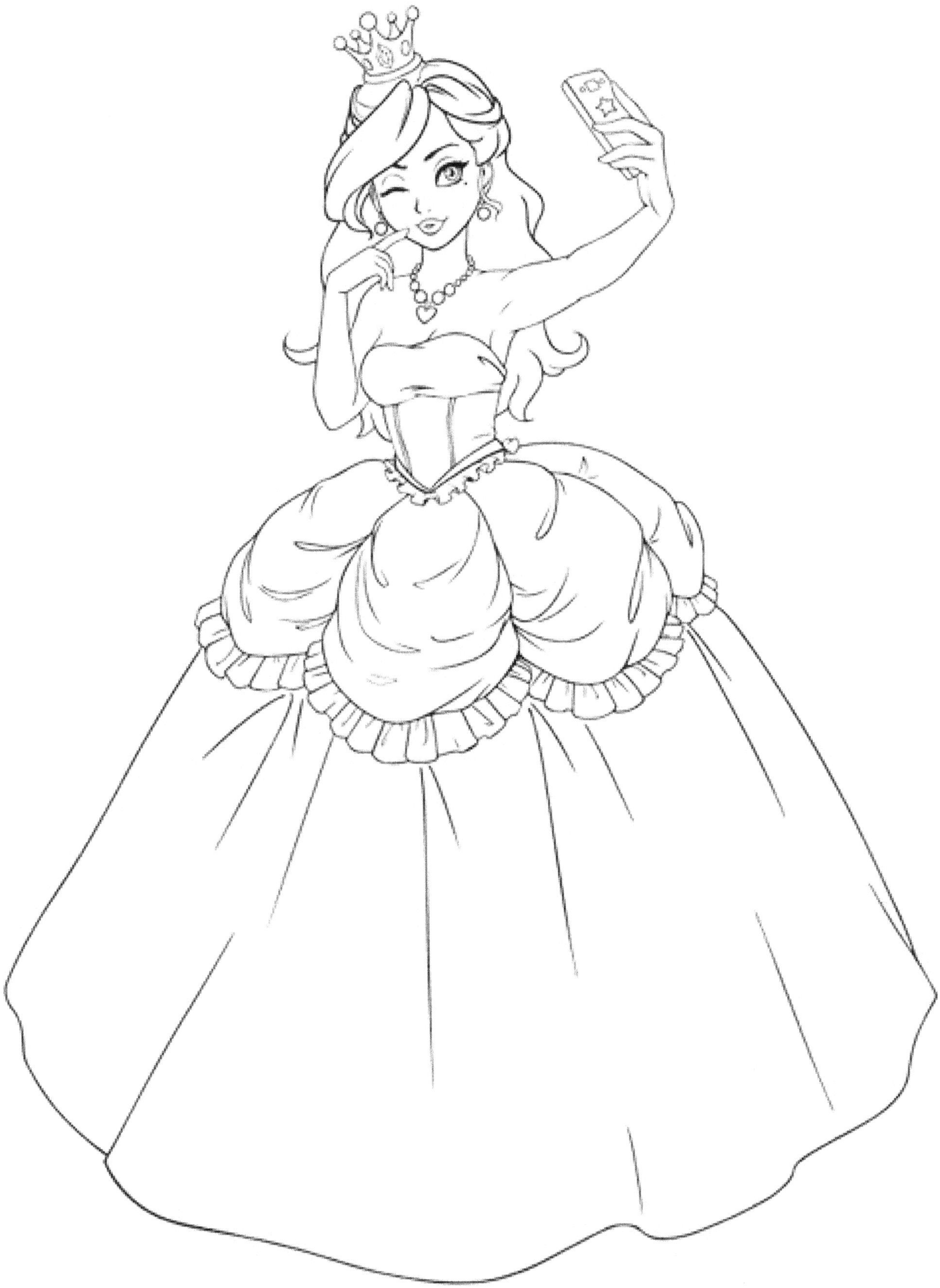

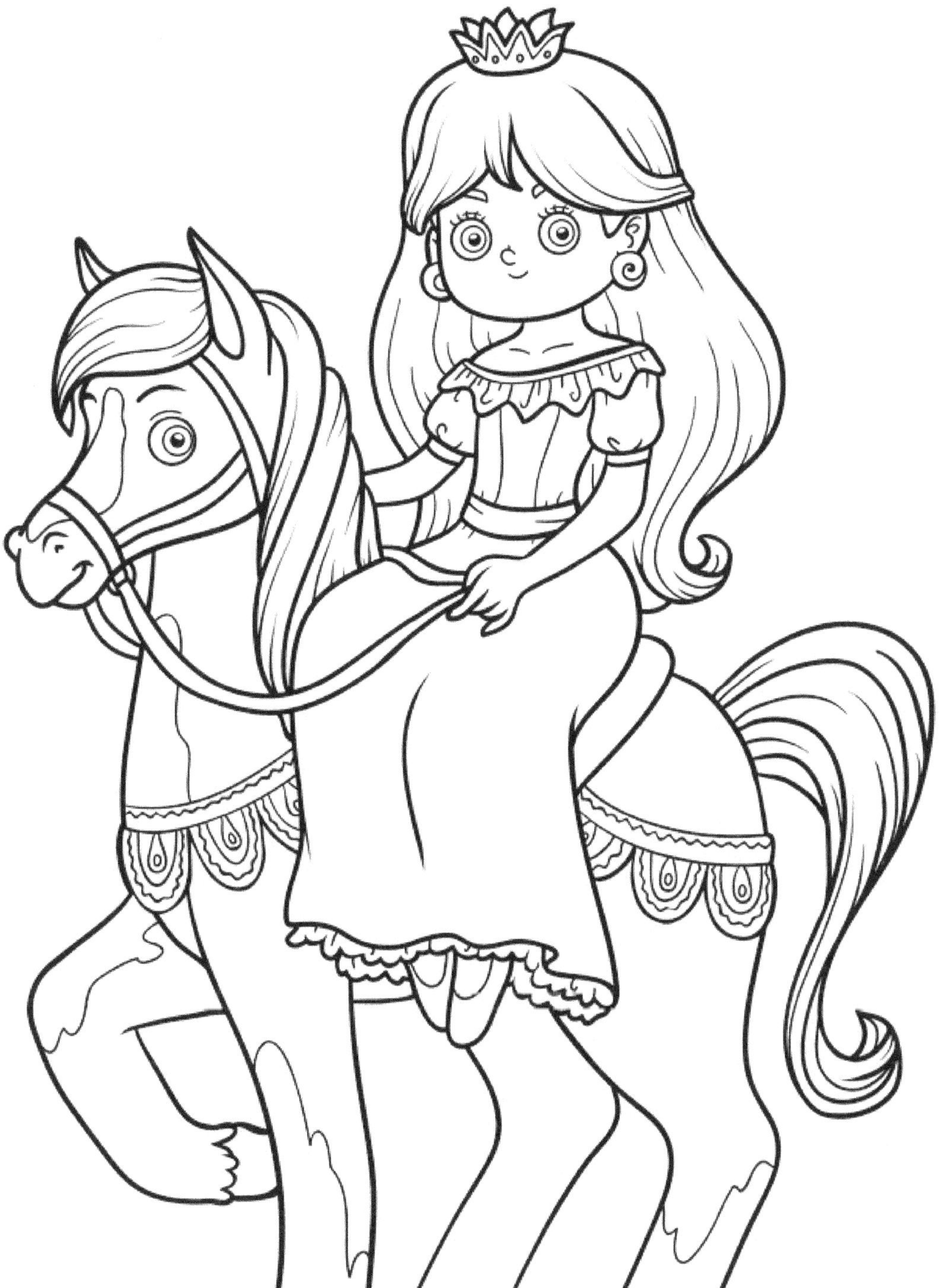

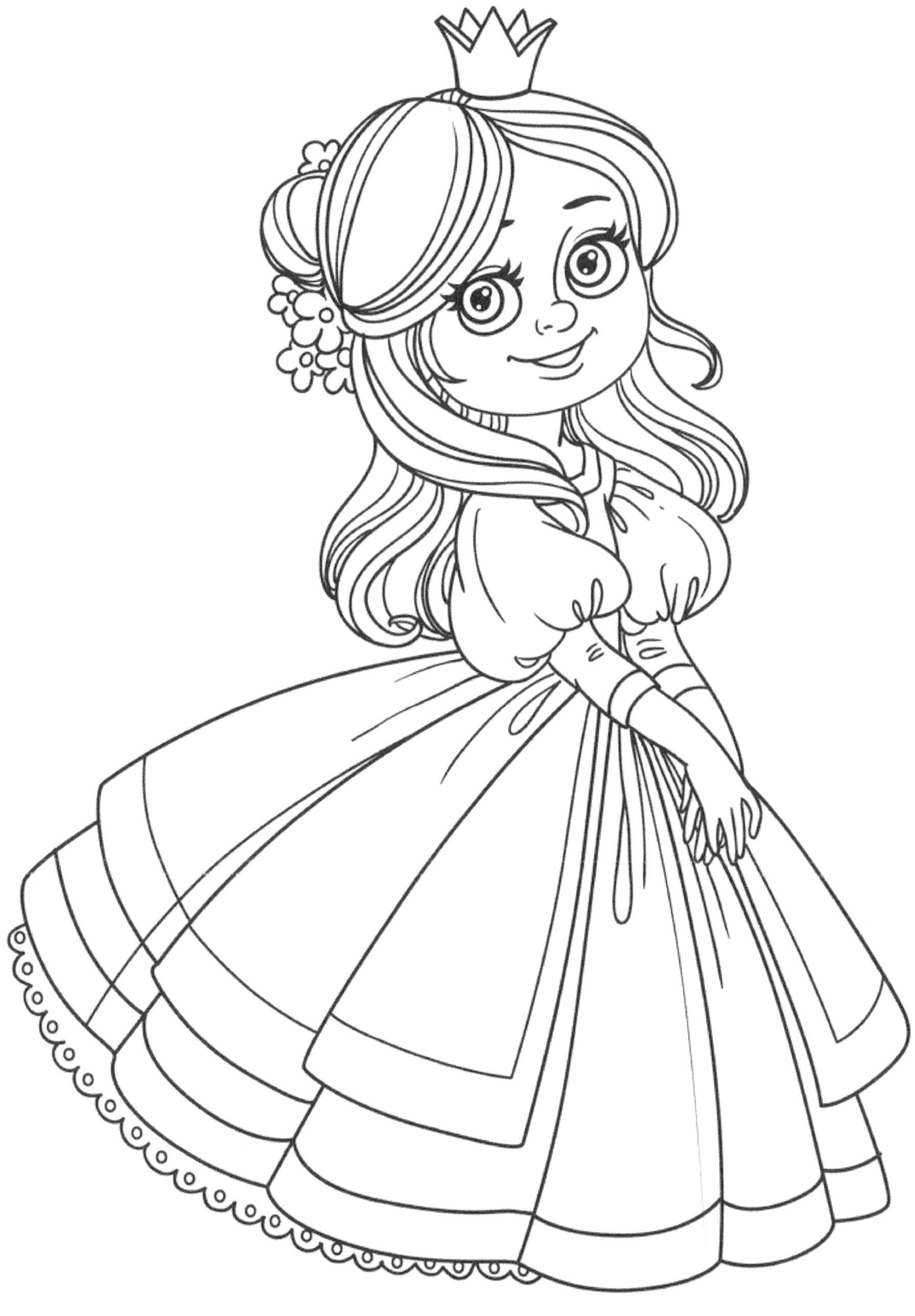

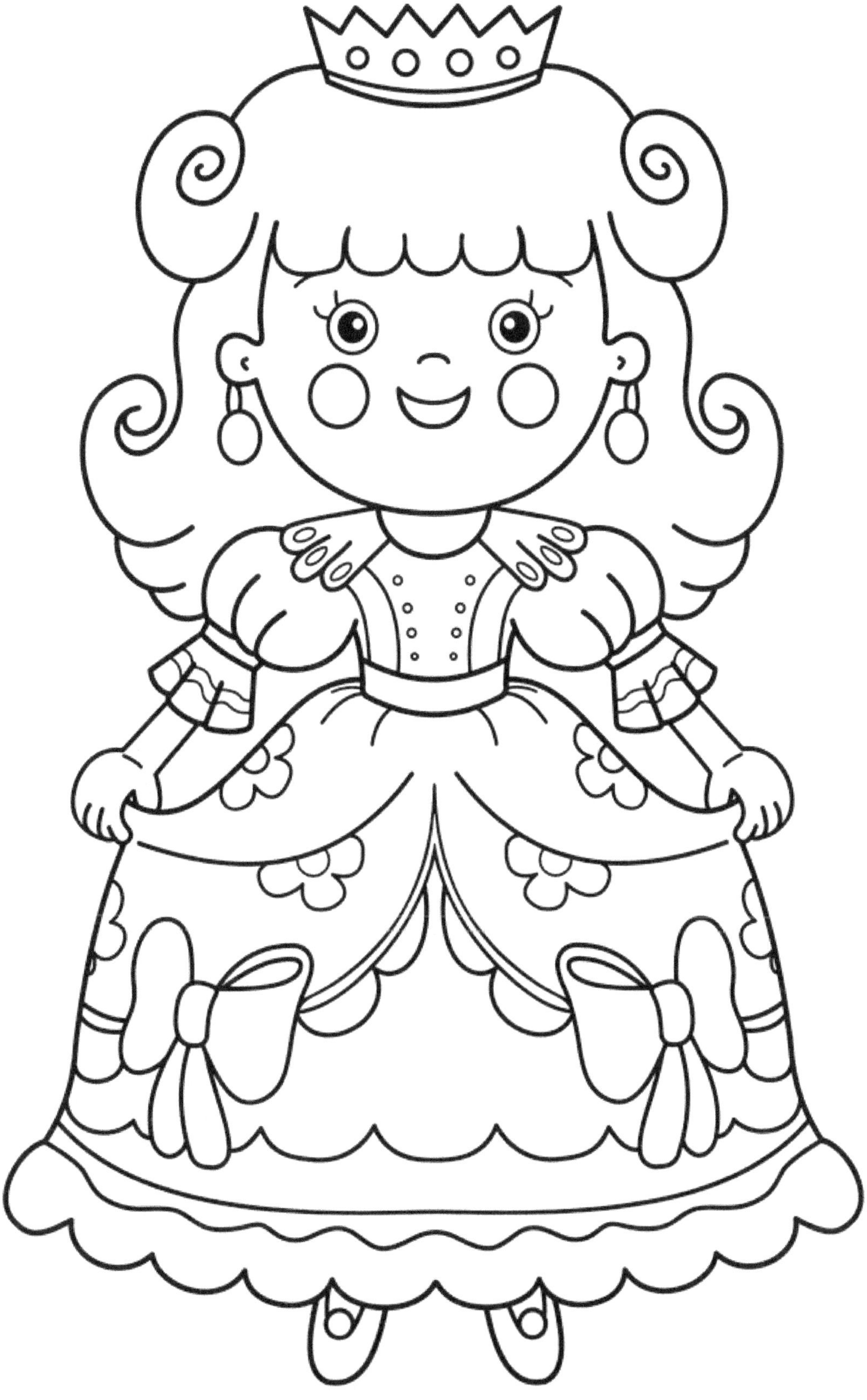

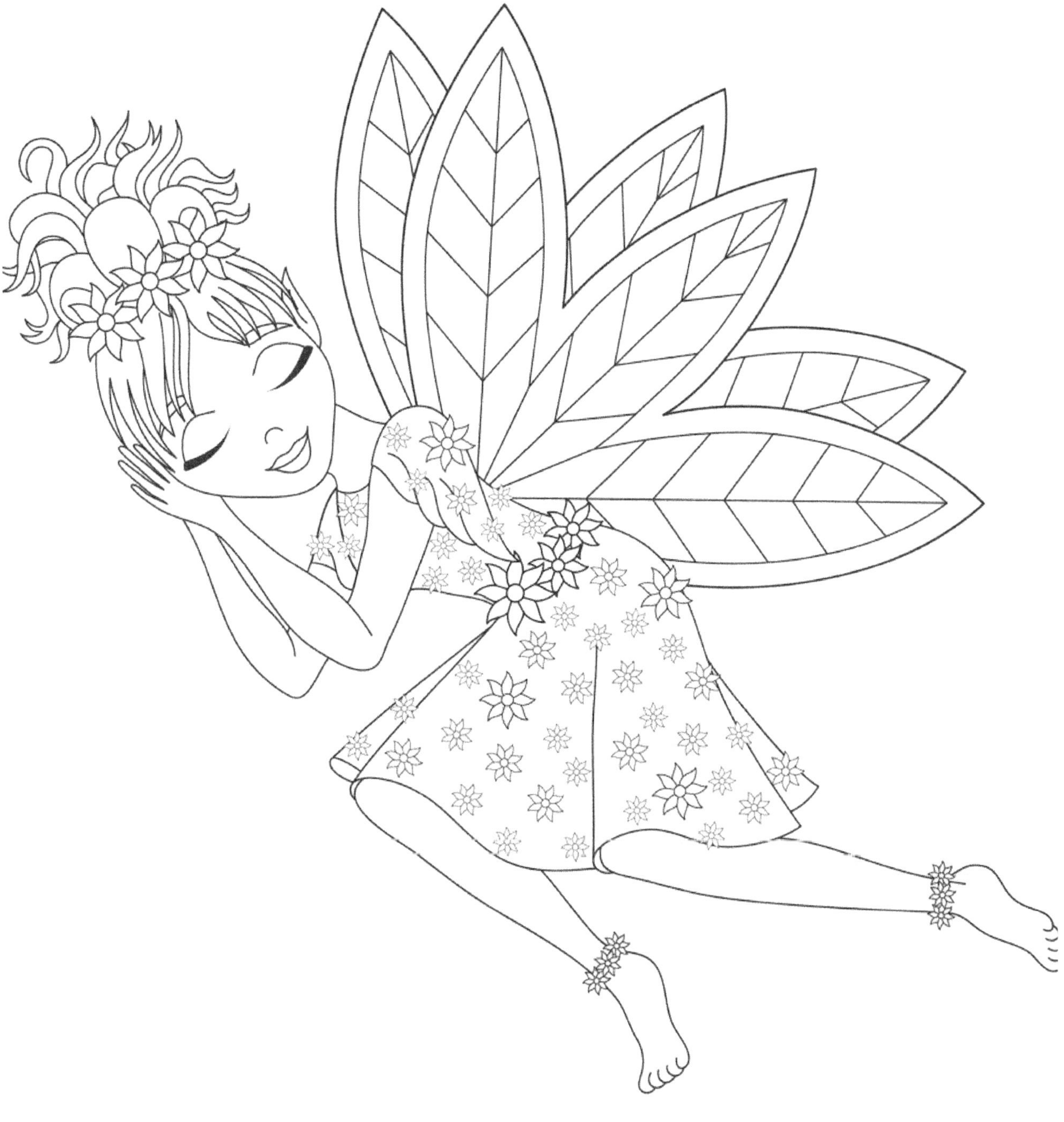

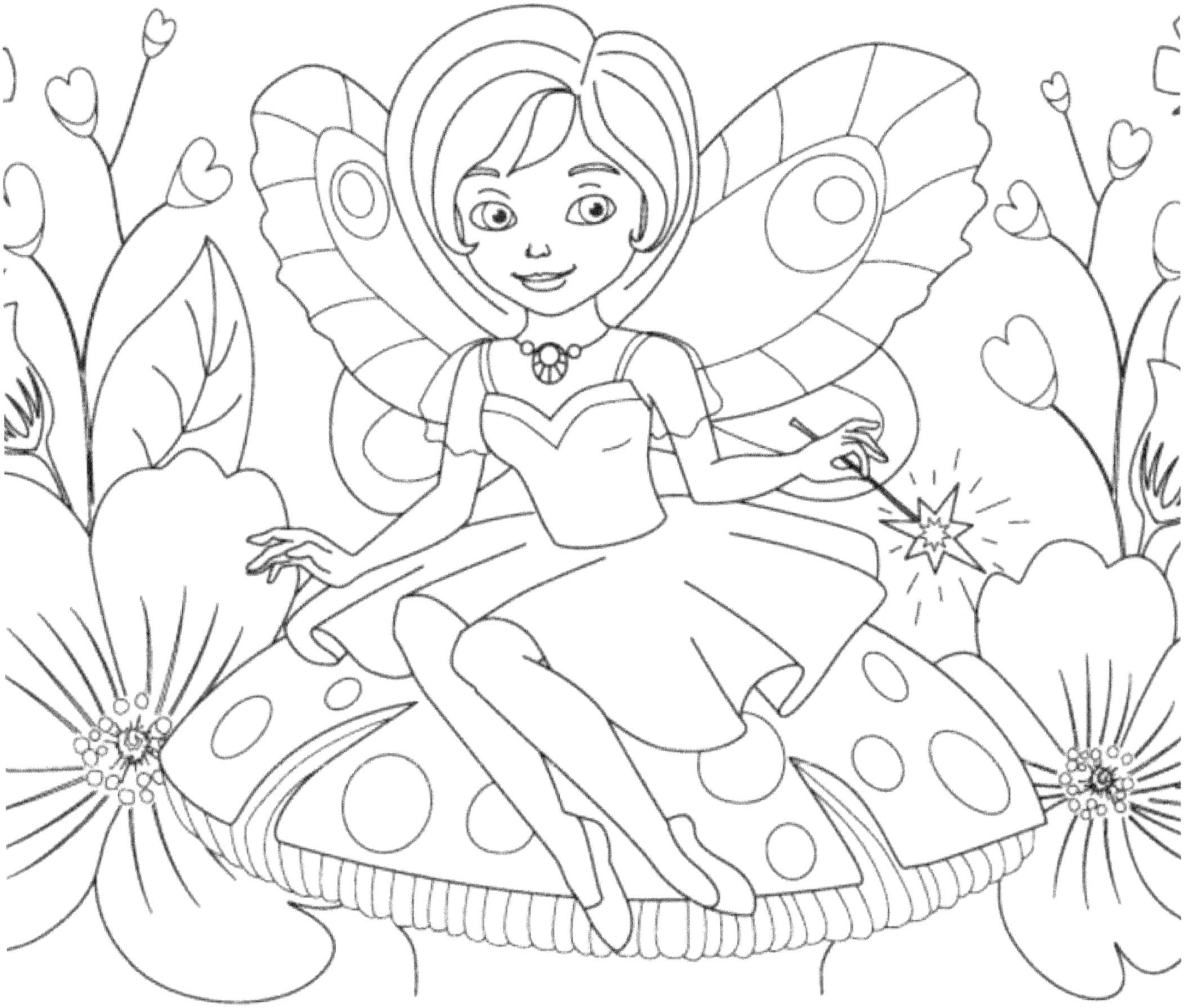

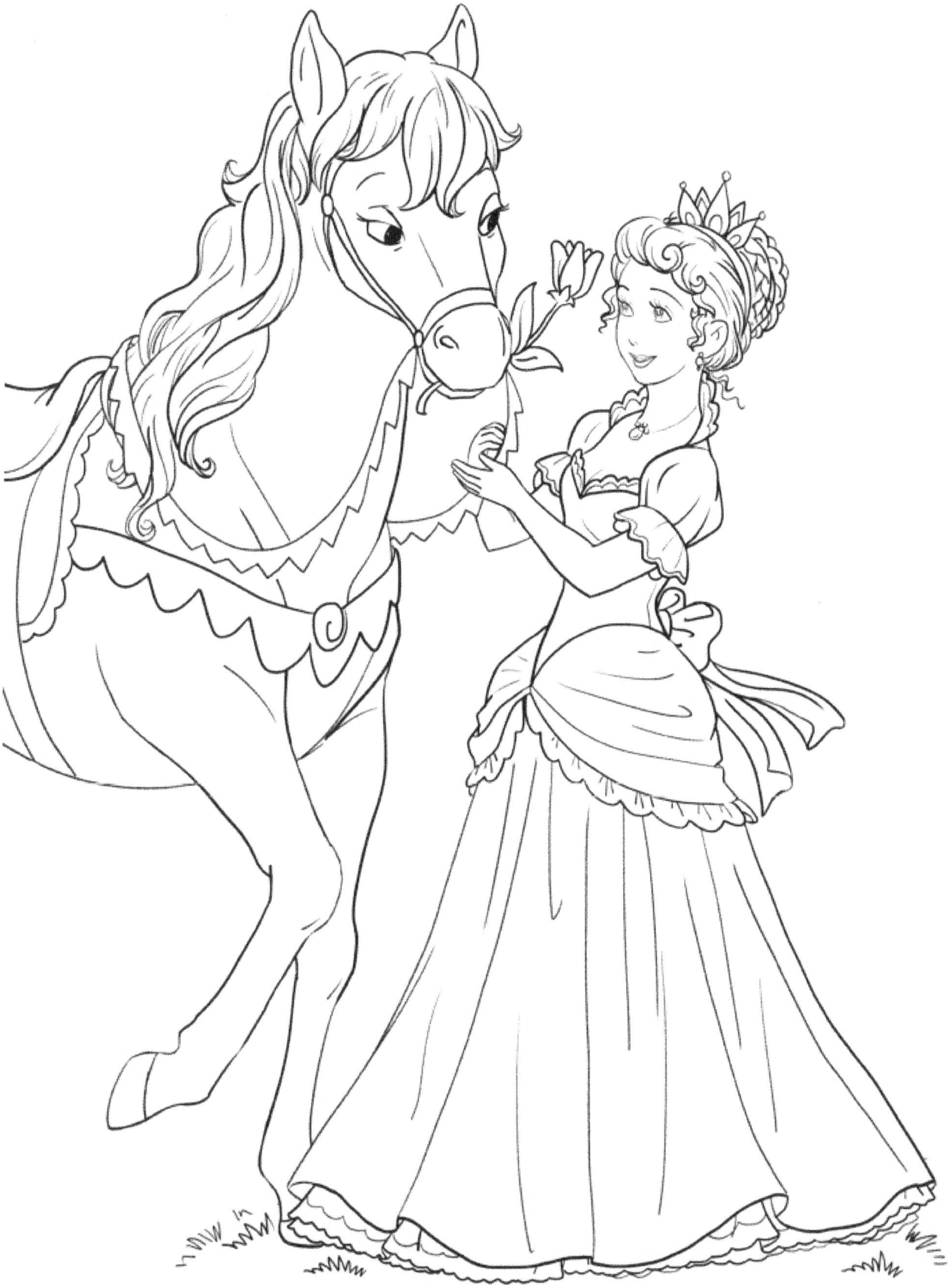

www.ingramcontent.com/pod-product-compliance
Lightning Source LLC
Chambersburg PA
CBHW080913220526
45467CB00022BA/2447
* 9 7 9 8 3 8 6 8 5 2 5 0 4 *